Land*leben*
genießen

Lust auf Bauerngärten
Kaninchen, Schafe, Federvieh
Natur entdecken und erleben

UTE OCHSENBAUER & SUSANNE BRUNS

Land*leben*
genießen

Lust auf Bauerngärten
Kaninchen, Schafe, Federvieh
Natur entdecken und erleben

KOSMOS

Inhalt

DER TRAUM VOM LANDLEBEN

Traum und Wirklichkeit 9
Die Wiese hinterm Haus 15

Porträt

Aus der Stadt aufs Land 21
Schritt für Schritt Majas Filzschal 25

Offene Gartenpforte 27
Würzige Wildkräuterschnecken 32

FRÜHLING

Geschäftige Zeit 37
Der Garten erwacht 45

Der Garten im Frühling

Platz für Allerlei im Geräteschuppen 51
Erstes, zartes Grün für die Küche 55

Tiere rund ums Haus

Federvieh 61
Kaninchen 71
Insektenhotel – Ein Heim für
wilde Tiere 75
Schritt für Schritt
Insektenhotel bauen 77

SOMMER

Sommerzeit – Ferienzeit –
Ausflugzeit 81
Pizzaminis mit Kräutern 84
Ab ins Heu! 87

Der Garten im Sommer

Aus dem Vollen schöpfen 91
Köstliche Marmeladen und Gelees 94
Erdbeermarmelade klassisch 96
Kräuter im Garten 99
Üppig und farbenfroh –
attraktive Sommerblüher 103
Pflanzenporträts 104

Tiere rund ums Haus

Bienen 109
Pferde und Esel 115

HERBST

Laubrascheln und Nebelschleier 123

Schritt für Schritt Holzhacken 127

Der Garten im Herbst

Der Garten – zwischen Sonne
und Nebel 129

Leckeres aus dem Obstgarten 130

Aromatische Früchte vom
Wegesrand 137

Holunderlikör 138

Tiere rund ums Haus

Hunde und Katzen 141

Porträt

Landtierarzt und Ausbilder
von Border Collies 145

WINTER

Winterliche Schlittenfahrt 155

Winterschlaf und Wurzelkraft 159

Leckere Bratäpfel 164

Der Garten im Winter

Gartenplanung an stillen Tagen 167

Winterblühende Gehölze 170

Vorkultur auf der Fensterbank 175

Schritt für Schritt Vorkultur 177

Obstbaumschnitt 181

Schritt für Schritt Obstbaumschnitt 183

Tiere rund ums Haus

Schafe und Ziegen 185

Selbstgemachter Frischkäse 194

SERVICE

Zum Weiterlesen 199

Nützliche Links 200

Die Autoren 201

Register 202

Impressum 204

Der Traum vom Landleben

Das Dächermeer schlägt ziegelrote Wellen.
Die Luft ist dick und wie aus grauem Tuch.
Man träumt von Äckern und von Pferdeställen.
Man träumt von grünen Teichen und Forellen.
Und möchte in die Stille zu Besuch.

Die Seele wird vom Pflastertreten krumm.
Mit Bäumen kann man wie mit Brüdern reden
und tauscht bei ihnen seine Seele um.
Die Wälder schweigen. Doch sie sind nicht stumm.
Und wer auch kommen mag, sie trösten jeden.

ERICH KÄSTNER

Traum und Wirklichkeit

Was geht in Ihnen vor, wenn Sie Sätze wie »Wir wohnen auf dem Land« oder »Ich bin auf dem Land aufgewachsen« hören? Füllt sich Ihr innerer Bildschirm mit sanften Gräsern, wippenden Zweigen und Kindern, die draußen herumtoben? Spielt Ihre innere Filmmusik währenddessen Hummelbrummen, Kirchengeläut und eine Auswahl an Wiehern, Muhen, Mähen und Zwitschern ab?

Das Platzangebot auf dem Land ist im Vergleich zu dem in der Stadt überwältigend. Wohnraum und Garten reichen gut und gern, damit man sich nach Herzenslust ausbreiten kann. Aber auch das Umfeld an Wegen, Wäldern und schönen Picknickplätzen bietet viele Möglichkeiten, die Seele baumeln zu lassen, die man in der Stadt vergeblich sucht. Kulturell sind Städte natürlich Ballungszentren im positiven Sinn. Aber auch die Kultur auf dem Land braucht sich nicht zu verstecken. Zum Glück wird sie gerade neu entdeckt. Hier geht es nicht nur um Dichter, Maler und andere freischaffende Künstler, die sich aufs Land zurückgezogen haben, weil ihre Sinne so weit geöffnet sind, dass sie die vielen Reize des Stadtlebens als unangenehm empfinden. Ländliche Kultur sind auch die Kaffeetafeln, die winterlichen Spieleabende, die Landfrauen- und Gesangvereine, die Kirchenchöre, Richtfeste, Umzüge, Staudenbörsen, Kleintierzuchtvereine und was sich sonst noch findet. Dennoch kann man auf dem Lande leben, ohne sich all den menschlichen Vergnügungen dort verbunden zu fühlen.

Läden auf dem Land

FACETTENREICH
Landleben hat viele Seiten. Weit weg vom Lärm der Stadt zu sein, heißt meist, viel Platz zu haben für Blumen, Kräuter, Tiere und Träume, aber es heißt auch, längere Schul- und Einkaufswege in Kauf zu nehmen.

Wer schon lange auf dem Land lebt, kennt sie vielleicht noch, die kleinen Läden, meist Haushalts- oder Eisenwarenhandlungen, in denen erstaunlicherweise vom Rasenmäher über einzelne Schrauben bis zur Zuckerdose alles zu haben war. Eigentlich wohnten die Ladenbesitzer mit im Haus, aber mit der Zeit hat sich das Lager bis in den Flur und Keller ausgebreitet, sodass man sich fragt, ob noch Platz für das Wohnzimmer geblieben ist.

Inzwischen haben solche Läden auf dem Lande leider Seltenheitswert. Schade, denn für die Lebensqualität der Landbewohner sind sie unentbehrlich.

Moderne Tante-Emma-Läden

Daher tauchen überall auf den Dörfern moderne Varianten des Tante-Emma-Ladens auf. Im Süden Deutschlands heißen sie »Lädle«, mittig nennt man sie »Unser Laden«, in Schleswig Holstein »Markttreff«. Diese Läden werden häufig gefördert, sind manchmal aber auch aus der Not heraus und in Eigeninitiative entstanden. Sonderservice müssen jedoch auch diese Läden bieten. Flexibilität, Extrabestellungen von Lieblingsprodukten, regionale Waren vom Fleischer oder Ziegenhof, Geschenkkörbe, Hauslieferungen, gemütliche Kaffee-Ecken und ein offenes Ohr sowie die Neuigkeiten aus der Umgebung halten viele Landbewohner von der gewohnten Autofahrt zum Discounter ab.

Auch andere Läden überleben die Neigung von Landbewohnern, zum Einkaufen schnell in die Stadt zu fahren, überraschenderweise. Geschenkeläden, Blumenläden und Gärtnereien, Elektriker, deren Frau den kleinen Laden für Lampen und Elektrogeräte betreut und kommt, wenn man klingelt. Oder Malermeister, die im Laden Musterbücher aller Tapeten und Teppichböden bereithalten und Farben nach Wunsch anmischen. Sie bekommen hier nicht nur ihre Farbe, sondern auch jede Menge gute Ratschläge und unbezahlbare Tipps für ihr Vorhaben.

↑

SCHNELL MAL EINKAUFEN
Viele der typischen ländlichen Tante-Emma-Läden sind leider dem Fortschritt zum Opfer gefallen. Doch manchmal ist aus diesem Mangel auch etwas Neues entstanden, so wie dieser Naturkostladen.

Neubürger

Als Herdentiere brauchen Pferde erfahrungsgemäß zwei Jahre, um in einer neuen Herde, einer neuen Umgebung oder bei neuen Menschen anzukommen. Anfangs sind sie manchmal durch den Stress, den ihnen die Eingewöhnung bereitet, kaum wiederzuerkennen, und aus einem gelassenen, gutmütigen Pony wird vorübergehend ein Trampeltier, das alle und jeden über den Weg rennt, oder ein schlotterndes Wesen, das in Höchstgeschwindigkeit unter einem dahinhastet und das vor allem und jedem erschrickt.

Auch wenn wir uns gern über die Tierwelt erheben, so sind Menschen tief im Inneren ihrer Instinkte Säugetiere, die sich ähnlich wie Pferde in Gruppen sicher fühlen. Es fühlt sich auch für uns gut an, nach einem Umzug aufs Land nette Leute kennenzulernen.

Am schnellsten und befriedigendsten geht dies, während man Tätigkeiten nachgeht, die man sowieso gern erledigt. Ob man eine jugendliche Fußballmannschaft trainiert, Yogakurse besucht oder anbietet, sich bei den Landfrauen, der Kirche oder im Tierschutz engagiert oder sogar in der Gemeinde politisch aktiv wird: Wer rausgeht und sich zeigt, wird auch auf dem Land nicht lang allein bleiben.

Junge Familien, Hunde- oder Pferdehalter finden schnell einen Kreis Gleichgesinnter. Doch auch für alle anderen gibt es genügend Gelegenheiten, sich einzubringen. Egal, ob man sich gern in Gruppen bewegt oder ob man Wert auf persönlichen Freiraum legt und mit Vereinen nichts anfangen kann, innerhalb von zwei Jahren hat man bestimmt einen Freundeskreis gefunden.

MUSSE UND KREATIVITÄT
Altes Handwerk wird häufig meisterhaft von empfindsamen Menschen ausgeübt. Handweber, Töpfer oder Kunstschmiede finden auf dem Land Ruhe und genügend Eigenraum für ihre kreativen Ideen.

RAUM FÜR ENTFALTUNG

Das Leben auf dem Land inspiriert von jeher die Träume derer, die in der Stadt wohnen. Hier findet sich jede Menge Freiraum, um die eigene Kreativität schöpferisch auszuleben. Das Basteln an alten Treckern, abenteuerliche Geländeritte, frühmorgendliche Stille oder kunterbunte, üppige Bauerngärten – die Schönheit der Natur und die unmittelbaren Kontakte zu Menschen und Tieren gleichen weite (Schul-)Wege und andere Nachteile des Landlebens leicht aus.

Die Wiese hinterm Haus

Das Besondere am Landleben ist die Möglichkeit, sich auszudehnen. Der Vorgarten, der Gemüsegarten, die Wiese liegen in meist üppiger Größe rings um das Haus herum und bieten Raum für Sitzplätze, Wäscheleinen, Lagerfeuer, Vogelhäuser, Lieblingsblumen und -bäume und für Tierhaltung.

Verschwenderische Platzfülle rund um den Wohnraum, wo gibt es das sonst? Man ist noch privat, wenn man am Samstagmorgen die Haustür öffnet und die Zeitung aus dem Briefkasten holt, vielleicht in Hausschuhen und Bademantel. Nur Eingeweihte kennen die hintere Tür des Hauses, die zum Frühstückssitzplatz führt, von dem aus man auf Garten und Wiese schaut. Und vielleicht gibt es sogar noch eine dritte Tür, die zwischen Stall und Haus.

Das Tier bei dir

Es ist noch gar nicht so lange her, da hatte die Mehrzahl der Bevölkerung Tiere am Haus, die ihr Überleben sicherten. Die Milchziege des Schuhmachers, der Esel, der Lasten trug, Kuh und Kalb auf der Wiese des Dorfschullehrers, ein paar Hühner für das Sonntagsei und für stärkende Suppen im Hühnerhof des Landpfarrers.

Landwirte des Herzens

Manche Stadt- oder Landbewohner sind in ihrem Herzen Landwirte, auch wenn sie ihr Geld in einem anderen Beruf verdienen. Eine brach liegende Wiese in der Stadt animiert sie zum Träumen. Erst recht die Wiese hinter ihrem Haus.

Landwirten des Herzens kommt das frische Frühlingsgrün auf der Wiese hinterm Haus so ungenutzt vor, wenn es nur von Hummeln, Faltern, Fröschen und bestenfalls Kaninchen bewohnt wird. Vor ihrem inneren Auge weiden Ziegen, Schafe, Kälber, Ponys, Hühner und Gänse in friedlicher Eintracht nebeneinander. Sie träumen davon, morgens rasch nach den Tieren zu sehen, Wasser aufzufüllen und flüchtig über verschiedenste Federn und Felle zu streicheln, bevor sie sich ins Auto setzen und in ihr Zweitleben unterm Kunstlicht fahren.

OBSTBAUMWIESE
Eine Wiese mit alten Obstbäumen als Auslauf für die Hühner, ein Gemüsegarten und eine Hausweide für Schafe und Ziegen – das alles rund ums Haus gelegen, ist der Traum vieler Landwirte des Herzens.

Träumen und genau hinsehen

Wiesen hinter Häusern laden viele Menschen genauso zum Träumen ein wie Ställe am Haus. Womit könnte man sie beleben? Bevölkern? Wem könnten sie ein Zuhause sein? Wem bieten sie bereits ein komfortables Leben?

Die Wiese hinterm Haus ist eine traumhafte Kostbarkeit!

Neben dem Träumen ist es jedoch wichtig, sich diese Wiese genau anzusehen. Ist sie nass oder steinig, kräuterreich oder mit Hochleistungsgräsern bewachsen, bietet sie Schutz durch Hecken oder Bäume, und wie sieht der Zaun aus? Was charakterisiert sie, welche Qualitäten hat sie, was fehlt ihr?

Wiesen, die dem Stadtbewohner unendlich erscheinen, findet die kleine Schafherde nach zehn Tagen eifrigen Grasens womöglich unerträglich klein. Auf dem Land rechnet man in Hektar. Ein Hektar sind 10 000 Quadratmeter. Das ist schon eine ordentliche Fläche für eine Wiese hinterm Haus. Doch selbst die objektive Größe der Wiese sagt nur zusammen mit Erkenntnissen über den Bewuchs und die Bodenbeschaffenheit etwas über die Anzahl und Art der Tiere aus, die man auf ihr halten kann. Nasse Wiesen sind für viele Tierarten ungeeignet, trockene oder dränierte in regenarmen Sommern schnell abgeweidet. Lehmiger Boden regeneriert nach der Beweidung schneller als sandiger.

↑

CHARAKTER DER WIESE
Welche Tiere sich auf Ihrer Wiese wohlfühlen, hängt ganz entscheidend vom Bewuchs und der Bodenqualität ab. Nehmen Sie sich Zeit, den Charakter Ihrer Wiese in Ruhe zu ergründen.

Grünfläche oder lebendiger Organismus

Lassen Sie sich Zeit damit, die Wiese hinter Ihrem Haus zu bevölkern. Setzen Sie sich zu verschiedenen Tageszeiten auf Ihren Lieblingswiesenplatz und beobachten Sie, wer schon auf der Wiese lebt. Oder setzen Sie sich an den Rand irgendeiner Wiese, die Sie anspricht. (Natürlich sind eingezäunte Wiesen, auf denen Tiere grasen, für Fremde tabu.) Überlegen Sie, wie es sich auf Ihrer Wiese leben lässt. Nehmen Sie Kontakt zum Lebensraum auf, bevor Sie beginnen, ihn zu verändern. Dann wird die Veränderung Ihre Wiese lebendiger machen. Man kann die Wiese als eine Grünfläche betrachten, die gemäht und gepflegt werden muss. Man kann sie auch als lebendigen Organismus verstehen, dessen besondere und durchaus individuelle Qualitäten manchen Lebewesen gut, anderen schlecht bekommen.

Der Bewuchs

BUNT UND ARTENREICH
Es gibt über 500 Gräsersorten ... Auch der Kräuterreichtum von Wiesen ist je nach Bodenqualität, Nutzung und Düngung unterschiedlich.

Es lohnt sich, den Bewuchs der Wiese genauer unter die Lupe zu nehmen. Je artenreicher er ist, desto besser. Viele Kräuter und Gräser geben als Zeigerpflanzen Hinweise auf die Nährstoffversorgung der Wiese. So wachsen Brennnesseln und Löwenzahn auf besonders nährstoffreichen Böden, Gänseblümchen dagegen zeigen nährstoffarme, eher saure Böden an. Mädesüß und Gänsefingerkraut wachsen auf nassen Böden, Lichtnelken und Wegerich auf trockenen Böden und Quecke und Knöterich auf Böden mit armem Bodenleben. Auf einer großen Wiese finden sich in den unterschiedlichen Bereichen meist verschiedene Pflanzengruppen. Giftpflanzen wie das extrem giftige Jakobskreuzkraut, das leicht mit dem Johanniskraut verwechselt werden kann, sollten Sie ausgraben und verbrennen oder im Restmüll entsorgen.

Die Vielfalt der Gräser wird wegen ihres bescheidenen Auftretens häufig übersehen. Es gibt viele unterschiedliche Süß- und Sauergräser. Von Seggen über Simsen, Schmielen, Hafersorten, Hirsen, Weidelgräser oder wolliges Honiggras sind es um die 500 verschiedene wild wachsende Arten. Auch sie können einen Hinweis auf die Bodenbeschaffenheit geben.

Die Stille des Landes

Still ist die Stille auf dem Lande eigentlich nie. Vögel zwitschern, Kühe muhen oder der Wind rauscht in den Bäumen. Doch das Land klingt immer gemächlich, wenig hektisch, geruhsam. Das Land hat seinen eigenen Lebensrhythmus. Sich auf diesen Rhythmus einzulassen, bedeutet, auf dem Lande anzukommen. Der Wechsel der Jahreszeiten, dieses Mittendrinsein ist unmittelbares Leben.

Steter Wandel

Genießen Sie die allmorgendliche Vorfreude beim Aufwachen. Was lässt sich beim Blick durchs Fenster heute entdecken, was gestern noch anders war? Im Frühling legt sich plötzlich ein zarter grüner Schleier über die Landschaft, im Sommer flirrt die Hitze über Wiesen und Felder und taucht alles in ein besonderes Licht. Erste gelbe Blätter kündigen den Herbst an und in den Novembernebel schleicht sich eines Morgens Raureif, nun ist der Winter fast da. Im Garten und im Stall spürt man diesen Jahresrhythmus besonders deutlich. Jede Jahreszeit hat ihre eigenen Aufgaben. Es ist ein Werden und Vergehen, ein steter Wandel.

Im Rhythmus leben

Leben auf dem Land bedeutet, sich darauf einzulassen, der Kraft der Natur seine eigene Kraft entgegenzusetzen. Denn nur für kurze Zeit überlässt die Natur uns das Feld. Es dauert nicht lang, dann sind die Spuren unserer Tätigkeit wieder unter einem grünen Mantel verschwunden. Jeden Tag aufs Neue fordert sie uns heraus, gestaltend und lenkend einzugreifen. Besonders im Gemüsegarten wird deutlich, dass wir uns im steten Austausch mit der Natur befinden, denn nur wenn wir den Pflanzen das geben, was sie brauchen, können wir ernten. Gärtnern bedeutet sowohl Herausforderung als auch Erholung für den Geist.

Auch Muße will gelebt werden

Oder überlassen Sie die Gestaltung der Natur: Eine Wiese, die nur ein- oder zweimal im Jahr gemäht wird, verwildernde Ecken im Garten, die langsam von wild wachsenden Sträuchern und Bäumen erobert werden und nur ab und zu zurückgeschnitten und ausgelichtet werden. In einem solchen Garten wird der Wandel und die Kraft der Natur besonders deutlich. Pflanzengesellschaften wechseln mit den Jahren. Die letztjährigen Blüten verschwinden, an ihre Stelle treten andere. Sie sind in Ihrem Garten zu Gast bei Mutter Natur.

IM SPIEL DER JAHRESZEITEN
Derselbe Baum, dasselbe Feld, derselbe Blick – je nach Jahreszeit sieht es immer wieder anders aus und man wird nie müde, Neues zu entdecken.

Aus der Stadt aufs Land

Um altes Handwerk zu finden, muss man oft genauer hinsehen. Manchmal verbirgt es sich im Anbau einer alten Kate. Erkennbar nur daran, dass Haus und Garten auf so besondere Art geschmückt sind, wie zum Beispiel bei Maja.

W arum liebt sie das Landleben so sehr?
»Die Uhren ticken etwas langsamer auf dem Land, es ist Zeit da, um einfach nur zu schauen, es ist Raum da, um sich auszubreiten, und ich kann planen, bauen und verändern, was ich möchte. Nach dem Frühstück und bevor mein Tag so richtig losgeht, fahre ich, wann immer es geht, mit dem Fahrrad zum Fluss. Das ist wundervoll! Ich habe mich noch nie so frei gefühlt wie hier.«

Majas Haus und Garten spiegeln die handwerkliche und kreative Begabung der Künstlerin eindrucksvoll wider. Die gepflasterten Wege, der Gartenteich, die Sitzplätze, alles hat sie selbst angelegt. Sie verkleidet die Wände ihres urigen Bauernhauses mit Stoffen, näht, hämmert und spaltet die Holzscheite für den großen Kaminofen im Wohnzimmer mit dem Holzspalter. Im Haus und rundherum baut und werkelt sie beeindruckend professionell und doch unverwechselbar »Maja«.

Der Durchbruch: Filzen

Majas wahre Leidenschaft gilt jedoch dem Filzen. »In Dänemark war es schon in den 80er-Jahren populär zu filzen. Leider habe ich mich damals noch nicht dafür interessiert. Erst Ende der 80er-Jahre habe ich einen Kursus besucht, um die Technik zu lernen. Ab da hat es mich nicht mehr losgelassen.«

Im ehemaligen Stalltrakt ihres alten Hauses hat Maja sich eine Filzwerkstatt eingerichtet. Am liebsten entwirft und filzt sie Hüte, die ausgefallensten, wagemutigsten und farbenfrohesten Modelle, die man sich vorstellen kann.

Filzen ist eine uralte Handwerkstechnik. Dabei wird Schafwolle mithilfe von warmem Wasser, Kernseife und mechanischem Reiben, Rollen oder Walken dazu gebracht, dass sich die Fasern gegenseitig durchdringen und unauflösbar ineinander verhaken. Das Objekt schrumpft dabei stark, aus ungeformter Wolle wird ein Textilstück.

KREATIVE FREIHEITEN
Schon im Frühjahr, sobald die Tage länger werden, werkelt Maja im Garten, legt japanische Ecken an, setzt Rosen um oder baut ihren Teich weiter aus. Und während sie gärtnert, entstehen viele Filzideen.

Filzen verbindet

An den Wochenenden kommt Majas Tochter Susanne häufig aus Hamburg zum gemeinsamen Filzen. Die beiden haben sich auf ausgefallene Bekleidungsstücke in besonderen Techniken spezialisiert. So filzen sie zum Beispiel Merinowolle auf Seide. Sie führen Arbeitstagebücher, um auch Jahre später noch einzelne Schritte des Herstellungsprozesses bestimmter Stücke nachvollziehen zu können. Außerdem gibt es ganze Aktenordner mit selbst erstellten Farbmustern.

»Ich bin Mitglied der dänischen Filzerinnenvereinigung Grima. Dort werden Treffen organisiert, auf denen Erfahrungen ausgetauscht, Wissen weitergegeben und viel zusammen gelacht wird. Zusammen mit Susanne fahre ich seit Jahren zum Sommerkursus von Grima. Die Frauen, die wir dort treffen, sind ganz unterschiedlich, aber alle haben Spaß und stecken sich mit ihrer Begeisterung und ihrem Können an.«

Erst die Technik, dann die Kunst

Maja rät Filzinteressierten, sich zunächst eine gute Grundtechnik anzueignen. Die grundlegenden Handgriffe und Fertigkeiten müssen sitzen, findet sie. Auf ihnen lässt sich alles Weitere aufbauen. Filzen ist eine ebenso individuelle Angelegenheit wie das Zubereiten von Kartoffelsalat! Ein selbstgefilzter Hut muss vor allem wärmen und gut passen. Er kann aber auch, und das ist wahrscheinlicher, ein merkwürdig märchenhaftes Gewächs in schillernden Farben sein.

↑
....
HÄUSER, MÄNNCHEN, HÜTE
Bevor man sich an Kunstwerke wie diese wagt, sollte man die Grundtechnik gut beherrschen. Maja bringt viele neue Ideen von den Treffen der dänischen Filzerinnenvereinigung mit.

Maja und Susanne verkaufen ihre selbst entworfenen Produkte auf wenigen ausgesuchten Märkten im Norden Deutschlands und in Dänemark. »Die Stimmung muss passen«, sagt Maja, »dann haben die Leute auch Lust, unsere Hüte anzuprobieren.« Mitunter findet ein Stück, das seit drei oder vier Monaten mitreist und gar nicht verkauft werden soll, bei guter Stimmung plötzlich den richtigen Kopf, Fuß oder Rücken. »Wir hatten einen verrückten Hut, den ich während eines Grima-Treffens mit einer norwegischen Filzkünstlerin gearbeitet hatte. Die Wolle norwegischer Landschafe ist nicht so weich wie Merinowolle. Sie kratzt. Ich konnte den Hut monatelang nicht verkaufen, und nach einiger Zeit wollte ich ihn auch lieber behalten, weil er ein toller Blickfang auf unserem Stand war. Die Leute zogen ihn begeistert auf, und dann kam immer der Moment, wo sie merkten, dass der Hut unangenehm kratzt. Aber einmal kam der Moment eben nicht und die Frau wollte ihn unbedingt haben. So ist es oft.

Der richtige Hut gibt eine gute Haltung! Die Leute kommen vielleicht ein wenig gebeugt daher, aber sobald sie den richtigen Hut auf dem Kopf haben, gehen sie stolz und aufrecht.«

Schöne Aussichten

Mit Filzen, Gartenarbeit und ihren vielen Kontakten im In- und Ausland ist es Maja niemals langweilig. »Abends ins Bett gehen und sich freuen, dass man morgen wieder weitermachen kann, was will man mehr?«

⌇
....
LEBENDIGE KUNST
Jedem einzelnen ihrer
wolligen Kunstwerke hat
Maja Leben eingehaucht
und zu jedem gibt es eine
Geschichte. Die Freude, die
sie bei der Herstellung hat,
wirkt ansteckend.

Schritt für Schritt

Majas Filzschal

Was wir brauchen

Chiffonseide, 0,60 m x 1,50 m

Noppenfolie und Futtertaft, etwa 1 x 1,80 m

Bambusrolle zum Walken

Filzwolle in gewünschter Farbe

Handtuch

Kernseife

Wassersprüher

Gummibänder

1. Stoff zuschneiden, Webkanten abschneiden, da die Filzwolle auf ihnen nicht greift. Wollfarbe passend zur Stofffarbe aussuchen.

2. Für ein Quadrat von 10 x 10 cm werden etwa 10 Ringe benötigt, insgesamt sind es etwa 1 000 Ringe. Hierfür wenig Wolle um ein Rohr mit 2 cm Durchmesser wickeln, leicht rubbeln, Ring abziehen. Objekt auf Noppenfolie und Taft auslegen, sodass es leicht hin und her bewegt werden kann.
Den ersten halben Meter Stoffkante mit einem Rand aus gezupfter Wolle belegen, sodass der Rand des Stoffs in der Mitte der Wolle liegt.

3. Tuch mit Wasser besprühen. Aus Ringen der Grundfarbe Streifen und Wege legen, ohne dass die Ringe sich berühren. Zwischenräume locker mit Ringen aus Mischfarbe füllen.

4. Fertig belegtes Sück ganz nass machen. Die Wolle fällt in sich zusammen. Das Wasser muss richtig auf der Plastikfolie stehen!

5. Luft mit einer Plastiktüte aus der Wolle drücken. Handtuch zur festen Rolle drehen, mit klarem Wasser durchtränken, Taft mit Objekt fest aufs Handtuch rollen, weiterarbeiten.

6. Nasses Handtuch fest um die Rolle wickeln, mit vier Gummibändern befestigen.

7. Entweder 15 Minuten in den Trockner oder 30 Minuten in der Bambusrolle walken. Handtuch sanft vom gefilzten Schal ziehen. Wenn die Ringe nur locker mit dem Stoff verbunden sind, nachwalken. Schließlich massieren, in die Länge ziehen, und einige Male hoch werfen. So wird der Schal luftig.

Offene Gartenpforte

In der Umgebung gibt es viele tolle Gärten: Und Sie wollten schon immer mal ganz ungeniert über den Zaun schauen? Nur zu, denn mit der »offenen Gartenpforte« lädt der ein oder andere Besitzer alle Interessierten ein, einen Blick in seinen Garten zu werfen.

Schön, dass diese alte Tradition wieder aufgegriffen wird. Sie reicht in die 20er-Jahre des letzten Jahrhunderts zurück. Im Andenken an die verstorbene Königin Alexandra, die sich stets für Arme und Kranke engagiert hatte, wurde in England der »National Gardens Scheme Charitable Trust« gegründet. Attraktive Privatgärten wurden ausgewählt und konnten an bestimmten Tagen des Jahres von Besuchern gegen Eintritt besichtigt werden. Die Eintrittsgelder kamen dem eigens gegründeten Hilfsfonds für die Krankenpflege zugute.

Heute nehmen in England und Wales immer noch jedes Jahr viele Tausend Gartenbesitzer an diesen Aktionen teil und die Idee hat sich in vielen Ländern, auch über Europa hinaus, ausgebreitet.

Hierzulande ist die Besichtigung kostenlos und nicht mit einem Wohltätigkeitsgedanken verbunden. Die Gartenbesitzer laden zum Erfahrungsaustausch und Kennenlernen ein. Egal, ob Kleingarten oder Hausgarten, ob Nutzgarten oder Wassergarten, willkommen ist jeder Garten. Einzige Bedingung ist, dass der Garten üblicherweise nicht öffentlich zugänglich ist.

Wo gibt es die Adressen?

Wenn Sie Gärten in Ihrer Umgebung besuchen möchten, können Sie sich bei den Gemeindeverwaltungen erkundigen. Viele Verwaltungen organisieren diese Aktion oder wissen, wer der Veranstalter ist. Oft werden auch Termine und Adressen im Internet veröffentlicht.

Was den Besucher erwartet

Viele der Gastgeber denken sich etwas Besonderes für ihre Besucher aus. Seien Sie also nicht überrascht, wenn Sie im romantischen Rosenpavillon einer Lesung lauschen können, ein Konzert erleben oder sich zum Abschied noch einen Ableger

HEREINSPAZIERT!
Was mag sich hinter dieser Pforte verbergen? Vom Rosengarten über den Heckengarten bis hin zum liebevoll gestalteten Bauerngarten ist alles vorstellbar. Treten Sie ein, Sie sind herzlich eingeladen!

für Ihren eigenen Garten mitnehmen dürfen. Natürlich gibt es auch Führungen durch den Garten, schließlich sind die Gärtner stolz auf ihr kleines, liebevoll gestaltetes Paradies und erzählen gern, wie es sich im Lauf der Jahre entwickelt hat. Sie können aber auch einfach nur bei Kaffee und Kuchen Eindrücke und Erfahrungen mit den anderen Besuchern austauschen.

Die »Offene Gartenpforte« ist bei vielen Gärtnern so beliebt, dass sie ihre Gärten gleich in mehreren benachbarten Gemeinden zur Besichtigung anmelden und dadurch fast das ganze Jahr über Besucher willkommen heißen.

Wenn Sie Lust bekommen haben, Ihren Garten für Besucher zu öffnen, zögern Sie nicht. Melden Sie Ihren Garten an und freuen Sie sich auf Ihre Nachbarn und Besucher aus umliegenden Orten.

Ernte am Wegesrand

Ein kleiner Streifzug in die Pflanzenwelt im Wald und am Wegesrand soll Sie einladen, selbst einmal loszuziehen.

Ein luftiger Korb, eine Schere, ein scharfes Messer und vielleicht noch eine kleine Schaufel für Wurzeln sind die Werkzeuge für die Feld-Wald-und-Wiesen-Ernte. Hilfreich ist auch ein Bestimmungsbuch, denn genau wie bei Pilzen gibt es auch bei den wilden Kräutern und Beeren giftige, die denen, die man gern im Korb hätte, manchmal zum Verwechseln ähnlich sind.

WÜRZIGES BÄRLAUCHBROT
Lecker und schnell zubereitet ist ein kleiner Snack mit frischen Wildkräutern. Sie geben jedem Gericht eine herzhaft-aromatische Note und stecken voller Vitamine und Mineralien.

Gute Riecher

Im Zweifelsfall kann auch eine Riechprobe helfen. Zerreiben Sie dafür ein Blatt zwischen Ihren Fingern:

Die Blätter des Bärlauchs ähneln denen der stark giftigen Maiglöckchen und der ebenso giftigen Herbstzeitlosen. Aber nur Bärlauch hat diesen typischen Geruch, der an Knoblauch erinnert. Wenn Sie unsicher sind, lassen Sie die Pflanze lieber stehen.

Echter Kerbel, der es warm, trocken und nährstoffreich mag, duftet leicht nach Anis. Sein giftiger Bruder, der giftige Schierling, dagegen nach Mäuseurin.

Der Jahreslauf

Die Natur hat ihren Tisch zu jeder Jahreszeit reich gedeckt. Im Frühjahr sind es die wilden Kräuter, die zuerst grün werden und mit ihren oft intensiven Aromen und ihren Vitaminen den Speiseplan bereichern. Ob im Salat oder in der Suppe, auf dem Butterbrot oder im Quark, Wildkräuter passen zu vielen Gerichten. Wollen Sie die Kräuter kochen, sollten Sie die Blätter nur einige Minuten dünsten. Am besten schmecken sie gemischt mit anderen Kräutern oder Spinat, dem sie eine wunderbar würzige Note verleihen. Giersch, Gundermann, Brunnenkresse und Beinwell sind nur einige der Pflanzen, die im Frühjahr gesammelt werden können. Auch zur Blutreinigung für die Frühjahrskur trägt die Natur die passenden Kräuter bei. Junge Triebe von Brennnessel und Löwenzahn gehören in die Teemischung.

Blätter oder Blüten

Alle Kräuter, von denen die Blätter verwendet werden, verlieren nach der Blüte viel von ihrem Aroma oder werden ungenießbar. Deshalb endet die Erntezeit für die meisten Kräuter im Frühsommer.

Aber auch viele Blüten sind als wohltuende Hausmittel im Gebrauch. Denken Sie an den schweißtreibenden Lindenblütentee, die vielseitige Kamille, die schleimlösende Eibischblüte oder auch die schmackhaften Holunderblüten. Gern werden auch die Blüten vom Baldrian genommen, die im Juli und August ihre zart duftenden Blüten öffnen.

Verborgene Plätze

Die wilden Pflanzen haben ihre besonderen Vorlieben, was den Standort angeht. Dort, wo sie sich wohlfühlen, treten sie oft in großen Beständen auf. Wer einmal so einen Platz im Wald gefunden hat, an dem im August die Heidelbeeren in Hülle und Fülle gedeihen oder wilde Brombeeren, hält ihn gern geheim, oder? Im Herbst sind es vor allem Beeren, die geerntet und die als Saft, Likör, Gelee, Marmelade oder Sirup in die Vorratsregale wandern.

Gesundheitstipp

Vor dem Verzehr von wilden Kräutern und Früchten wird immer wieder gewarnt. Das sollten Sie auf jeden Fall ernst nehmen. Oft reicht Waschen nicht aus, da manche Krankheitserreger nur bei Temperaturen ab 60 °C abgetötet werden. Hier sind es besonders die Eier des Fuchsbandwurms, die zur Sorge berechtigen.

Das Risiko einer Infektion ist zwar gering, aber sie ist nicht harmlos. Wer sichergehen will, sollte die Kräuter und Beeren, und auch Pilze, nicht roh essen. Kurzes Aufkochen reicht normalerweise aus.

FUNDSTELLEN
Am Waldrand und im Wald sind die besten Plätze für die Ernte am Wegesrand. Entlang der Feldwege ist durch Düngung und Spritzen der Felder die Vielfalt der Wildpflanzen oft eingeschränkt.

WALDERDBEEREN
Kleinfrüchtig, aber voller Aroma sind die wilden Beeren. Am wohlsten fühlen sie sich am Waldrand oder auf Lichtungen, im Schutz der Bäume, aber doch nicht im Dunklen.

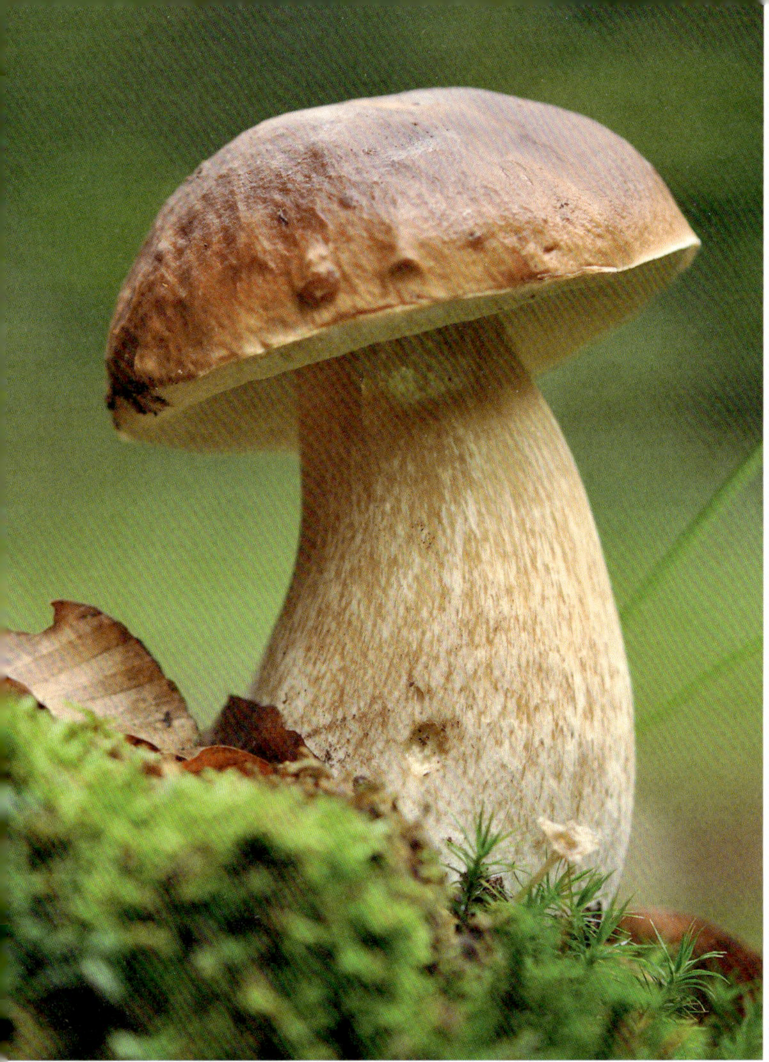
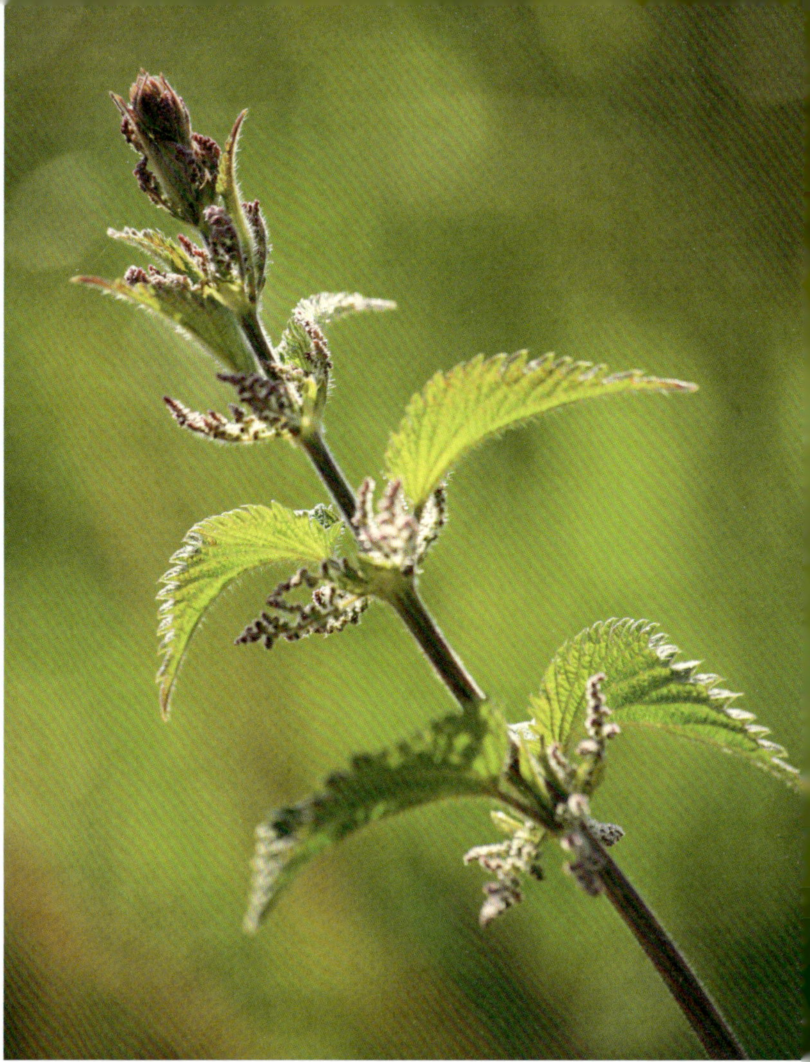
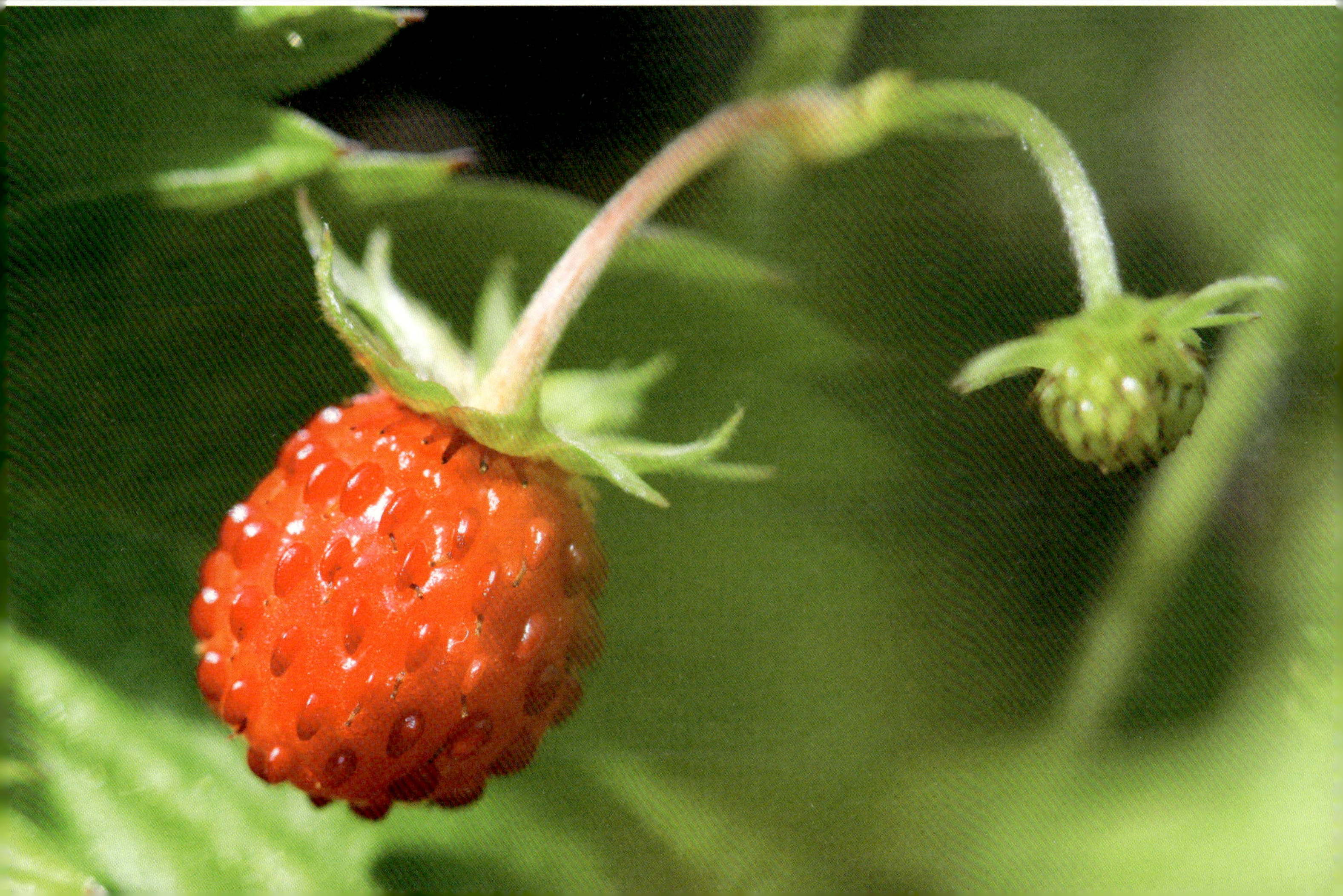

Würzige Wildkräuter-schnecken

Für den Teig

250 g Weizenmehl
½ Teelöffel Backpulver
½ Teelöffel Currypulver
1 Teelöffel Kräutersalz
100 g Quark
1 Ei
60 g weiche Butter

Füllung

5 Esslöffel gemischte frische, gehackte Kräuter,
z. B. Giersch, Gundermann, Spitzwegerich,
Löwenzahn, Schafgarbe
2 Eigelb
1 Esslöffel geriebener Parmesan

1. Das Mehl mit Salz und Gewürzen mischen, Ei,
Quark und Butter dazugeben, rasch zu einem
Mürbeteig verkneten und für 20 Minuten kühlen.
Ofen auf 220 °C vorheizen (Umluft 200 °C).

....

2. Kräuter, Eigelb und Parmesan verrühren. Den
gekühlten Teig in zwei Hälften teilen und jeweils
zu einem Rechteck ausrollen. Anschließend die
Kräuterpaste auf dem Teig verteilen und jedes
Teigrechteck der Länge nach aufrollen. In zwei
Zentimeter dicke Scheiben schneiden, auf ein
gefettetes Backblech legen und in etwa 8 Minuten
goldgelb backen.

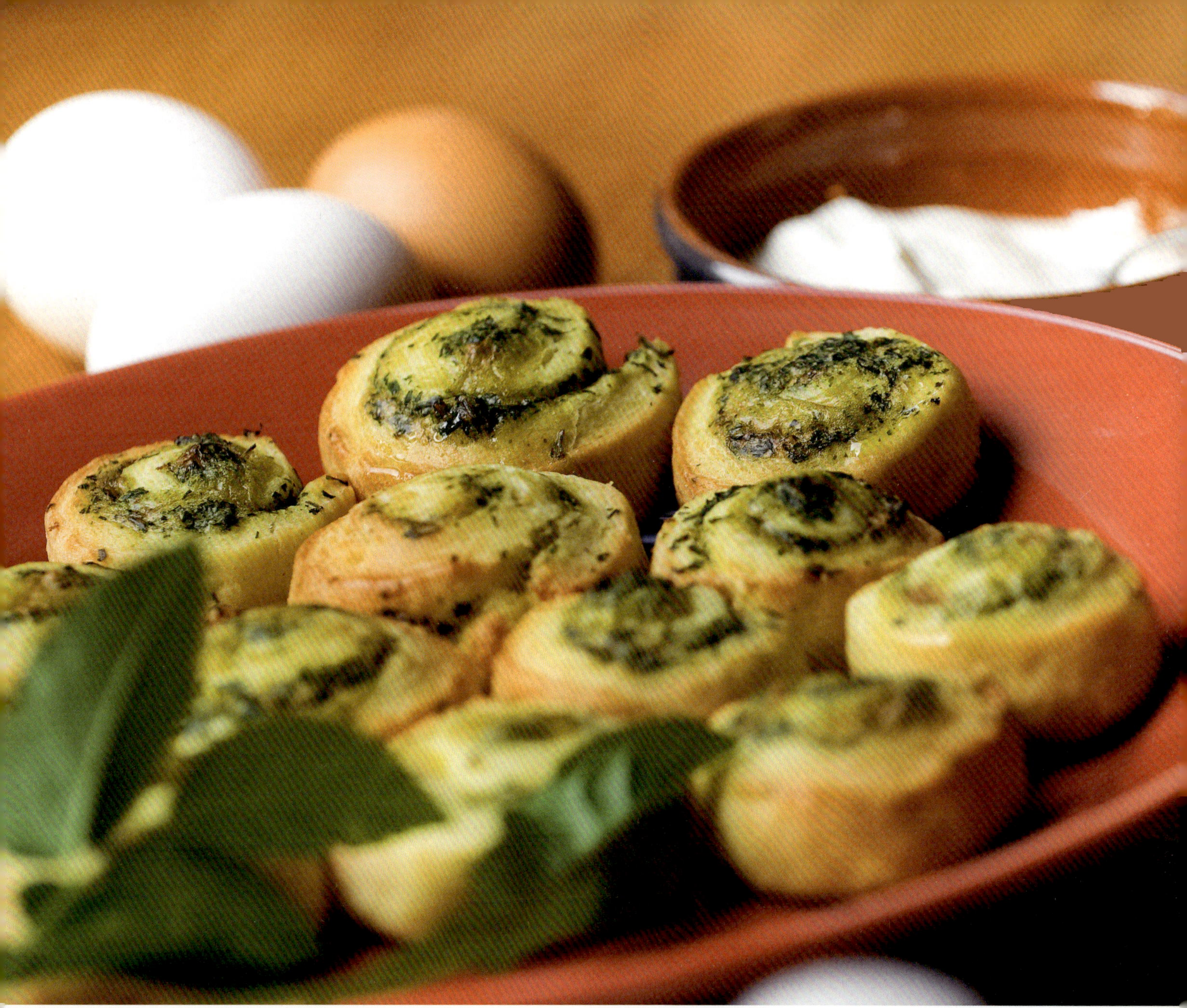

Qualitäts-
Weizenmehl
Type 405
Butte

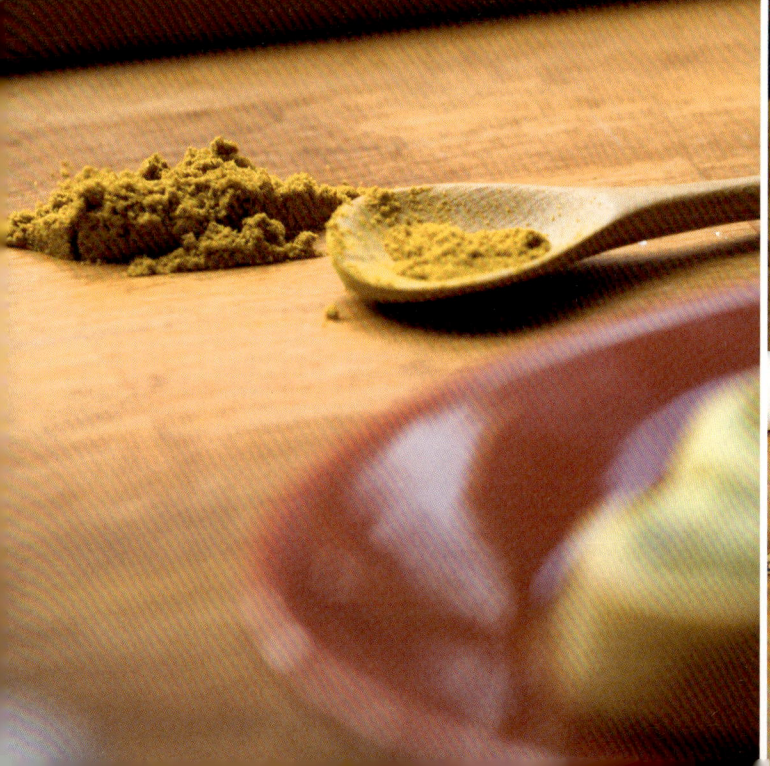

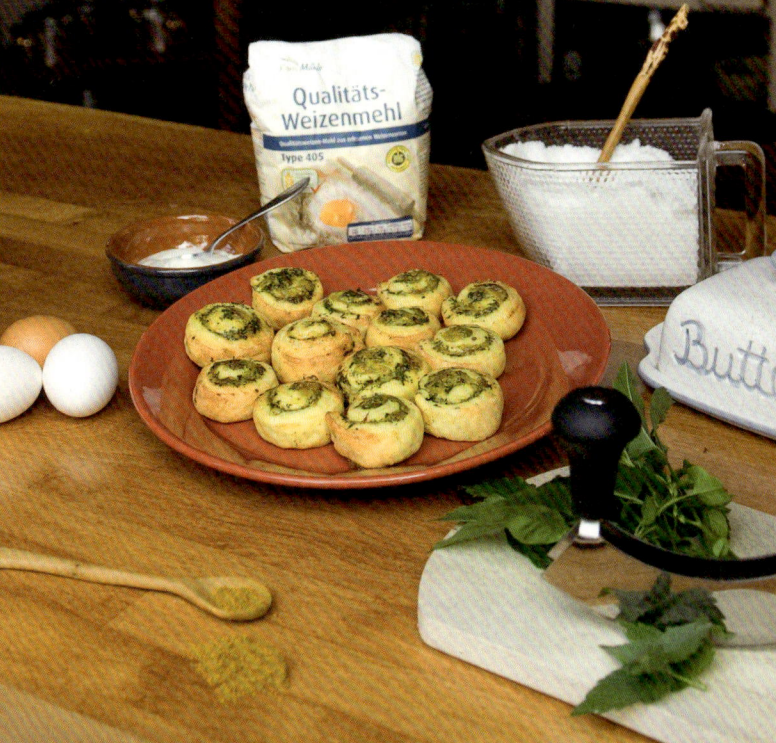

Frühling

Es krokusst und es primelt
im Garten und am Bach.
Ein Spatzenpaar verkrümelt
sich selig unter's Dach.
Paarweise wird gewandelt,
geturtelt und geküsst
und fröhlich angebandelt
weil endlich Frühling ist.
Nun küsst der Wal die Walin
die Nerzin küsst den Nerz
ein Herr küsst die Gemahlin
Krokusse küsst der März.

JAMES KRÜSS

Geschäftige Zeit

Das Frühjahr auf dem Lande ist die wohl geschäftigste Zeit des Jahres. Heißt es doch: »Was bis Ostern nicht erledigt ist, bleibt das ganze Jahr liegen!« – Und was alles erledigt werden muss, in Haus und Hof, bevor die Arbeit im Garten beginnt! Also auf geht's!

D a wäre zunächst einmal der Frühjahrsputz im Haus: Lassen Sie diese alte Tradition ruhig wiederaufleben. Auch wenn es heute nicht mehr der Staub und Ruß vom Heizen ist, der nun endlich weggewischt werden kann, so ist es eine gute Gelegenheit, das Haus für die warme Jahreszeit herzurichten und überall für im Sonnenschein leuchtende Farben zu sorgen.

Doch zum Frühjahrsputz gehört nicht nur das Haus. Draußen beginnt sich alles zu regen und zu recken. Die Zugvögel kehren aus dem Süden zurück und wollen ihren Nachwuchs großziehen.

Im Garten

Nistkästen und Bruthöhlen müssen, möglichst schon im Februar, ausgeräumt und gereinigt werden. Klopfen Sie bitte vorher an, denn manchmal haben Siebenschläfer oder andere kleine Tiere den Kasten als Winterquartier gewählt. Lassen Sie Ihnen ein wenig Zeit für den Umzug.

Entfernen Sie das alte Nest vom letzten Jahr. Vögel bauen jedes Jahr neu und notfalls setzen sie das neue Nest einfach auf das alte drauf. Im Lauf der Zeit wird es eng im Kasten, die jungen Vogel sitzen zu hoch und damit viel zu dicht am Einflugloch. Dort sind sie für Katzen und andere Nesträuber leicht zu erreichen.

Benutzen Sie keine chemischen Reinigungsmittel für die Nistkästen, da sich diese im Holz festsetzen können. Eine grobe Bürste reicht meist vollkommen aus, um Milben und Flöhe aus den Kästen zu entfernen. Und sollte es doch mal notwendig sein, ist Soda das Mittel der Wahl.

Die Scheiben des Gewächshauses müssen gereinigt werden, damit genügend Licht durchkommt. Im Gewächshaus muss Platz für die neue Saison gemacht werden. Leere Vorratskisten wandern in den Keller, es wird ausgefegt und vielleicht müssen die Scharniere von der Tür und der Belüftung geölt werden.

KINDERZIMMER FÜR MEISEN
Dem Kohlmeisenpärchen gefällt es im frisch geputzten Nistkasten. Hier ist der richtige Ort für die Familiengründung. Und es dauert nicht lang, dann hört man die kleinen Meisen hungrig piepen.

Auf der Weide

Gehen Sie Ihre Weide ab und überprüfen Sie den Zaun. Bevor die Tiere über den Sommer hier leben, müssen mögliche Schäden behoben werden. Halten Sie Ausschau nach Giftpflanzen und stechen Sie sie aus. Nicht alle Giftpflanzen werden von den Tieren gemieden.

Eventuell muss die Weide geschleppt und der Boden bearbeitet werden, das Anwalzen ist nur auf moorigen Untergründen wichtig.

Im Stall

Sobald die Tiere auf der Weide sind, wird der Stall gründlich gemistet. Anschließend können Sie den Boden mit einer milden Apfelessiglösung oder einer Lösung aus Effektiven Mikroorganismen desinfizieren.

Auch die Wände werden gesäubert, befeuchtet und anschließend gekalkt. Die Kalkfarbe soll in den Putz einziehen und kann deshalb nur auf offenem Putz aufgetragen werden.

Für den Anstrich nehmen Sie gelöschten Kalk, auch als Sumpfkalk erhältlich, und verrühren ihn mit Wasser, bis er dickflüssig wie Buttermilch ist. Kalk wirkt alkalisch und reizt die Haut. Beim Arbeiten sind deshalb Handschuhe und Schutzbrille zu empfehlen. Auf gekalkten Wänden haben Schimmel und andere Mikroorganismen wegen des alkalischen Milieus keine Chance.

IT'S ALWAYS GREENER ON THE OTHER SIDE
Die Tiere genießen die milden Temperaturen und das frisch sprießende Frühlingsgrün. Schwachstellen im Zaun finden sie allerdings schnell, und das Gras hinterm Zaun schmeckt immer besonders lecker!

Schietsammeln auf dem Land – ein Fest(er Termin)

Familienurlaube werden verlegt, unaufschiebbare Termine verschoben, Krankheiten ignoriert, und das alles nicht, weil man heiraten oder eine gewonnene Reise antreten möchte, nein, die verheißungsvolle Eventkonkurrenz hört auf den Namen »Schietsammeln«.

Den Kindern im Dorf ist das Schietsammeln aus vielerlei Gründen so wichtig, dass sie auch im Dauerregen mit Mülltüten bewaffnet durch die vorfrühlingshafte Landschaft marschieren und aufheben, was andere in die Gegend schmeißen.

Fast wie Laternelaufen

Für die älteren Kinder ist diese »Aktion sauberes Dorf« alias Schietsammeln eine Art Nachfolger des Laternelaufens. Zum Laternelaufen geht man natürlich nicht mehr, wenn man etwas auf sich hält. Das gemütliche Zusammensitzen mit gemeinsamem Essen und Limonade oder Bier, das am Martinstag immer so schön war, belohnt aber auch die fleißigen Schietsammler. Daher sind die beiden Ereignisse nicht nur in kindlicher Weltsicht vergleichbar.

Etwas fürs Dorf zu tun, sich einzubringen und nützlich zu machen, ist für viele Kinder wichtiger, als Erwachsene es oft wahrnehmen. Und schließlich dürfen die Kids während der Fahrt zu den weiter entfernt gelegenen Gemarkungen auf dem Anhänger hinterm Traktor sitzen. Auch Orte, die erfahrungsgemäß gern als Entsorgungsplätze für Kühlschränke, Polstergarnituren oder Hifianlagen genutzt werden, werden von Traktorgespannen angesteuert – ein Riesenspaß für die Kinder hinten auf dem Hänger.

Sammelleidenschaft

Doch nicht nur die Kinder, auch Neubürger im Dorf lassen sich diese wunderbare Gelegenheit, Kontakte zu knüpfen, ungern entgehen. Den Rest der fleißigen Sammler bilden die Gemeinderatsmitglieder, die Eltern und die, die sich eben für ihr Dorf verantwortlich fühlen.

Schietsammeln wird meist von der freiwilligen Feuerwehr organisiert, und daher trifft man sich kurz vor Ostern am Feuerwehrhaus. Je mehr Familien, je mehr ältere Mitbürger und neue Einwohner kommen, desto besser und verbundener fühlt es sich an, etwas fürs Dorf zu tun.

Die Lieblingssammelstellen sind schnell vergeben, mancher sammelt schon seit Jahren die gleichen Wege ab, und mitunter hört man bei der Streckenvergabe enttäuschte Sätze wie: »Da liegt doch nie was!« Die begeisterten Kommentare, der atemlose Ruf: »Ich hab was!«, gilt beim Schietsammeln nun mal Ungewohntem!

Fundsachen

In der Tat wäre das Schietsammeln frustrierend, wenn es sie nicht gäbe, die achtlosen oder alkoholkranken Mitmenschen, die Dosen, Flachmänner oder Kornflaschen in die Landschaft werfen. Auch so manches landwirtschaftliche Utensil wird eingesammelt, teils, weil der Wind es vom Hof oder vom Hänger geweht hat, teils, weil der Landwirt gerade in Zeitnot war. Große Funde wie die Schuhschränke oder kaputten Fahrräder rätselhafter, ratloser Unbekannter sind zwar einerseits schockierend, geben aber später beim Essen eine wunderbare Geschichte ab. Um auch Papiertaschentücher ohne große Ekelgefühle aufheben zu können, empfiehlt es sich, einen Müllspieß mitzunehmen. Manche benutzen auch ihren Regenschirm, um unappetitliche Fundsachen in den Müllsack zu befördern.

Nach höchstens zwei Stunden beschaulichem Fußmarsch geht es wieder zurück zum Feuerwehrhaus. Die Mülltüten werden in einen Container geworfen. Wenn die Anhänger mit großem Hallo zurückkommen, werden sie gemeinsam entladen. Und dann geht es mit dem befriedigenden Gefühl, etwas für die Allgemeinheit getan zu haben, zum gemütlichen Teil der Veranstaltung, zu heißer Suppe, Würstchen, Steaks und kühlen Getränken. Man hat sich sein Essen nun redlich verdient. Und das Dorf ist wieder sauber.

ALLES SAUBER

Nach zwei oder drei Stunden abendlichem Spaziergang in netter Gesellschaft sind die Wegränder rund ums Dorf sauber und man kann zum gemütlichen Teil übergehen. Wer schon von klein auf mit Begeisterung Müll sammelt, wirft so schnell nichts in die Botanik!

Osterfeuer

↑

IN GEMÜTLICHER RUNDE
Das Feuer brennt, knackt, funkelt und prasselt, Nachbarn, Freunde und Bekannte sitzen gemütlich drum herum, essen Würstchen und trinken ein Bier. Das Osterfeuer ist eines der ersten Ereignisse im Jahr, bei denen sich das Dorf trifft.

In der Karwoche ist der ganze Ort auf den Beinen. Überall hört man geschäftiges Treiben und trifft auf seine Nachbarn, die mit der Schubkarre oder dem Anhänger Holz zum Festplatz bringen. Hier wird für das Osterfeuer gesammelt.

Der Baumschnitt vom Herbst, Erfrorenes, trockene Staudenreste und vieles mehr findet seine letzte Bestimmung im Feuer, sehr zur Freude der Zuschauer! Wer sein Holz nicht selbst wegbringen kann, bekommt gern Hilfe. Dafür ist die Feuerwehrjugend schon früh auf den Beinen. Die jungen Leute kommen mit Trecker und Anhänger vorgefahren und laden alles auf, was mitmuss.

Unterschlupf für viele Tiere

Erst am Nachmittag vor dem Feuer wird das Holz von der Sammelstelle am endgültigen Feuerplatz neu aufgeschichtet, denn so ein Holzstoß ist bei allerlei Kleintieren als Nachtlager und Kälteschutz beliebt. Es dauert nur wenige Tage, bis das Getier eingezogen ist. Wird das Holz neu aufgeschichtet, haben alle Zeit, sich noch schnell ein neues Nachtlager zu suchen.

Der Getränkewagen und der Grill am Festplatz sorgen auch für das leibliche Wohl der Gäste, und es kommt regelrechte Volksfeststimmung auf, wenn sich die Zuschauer nach und nach einfinden. Brennt das Feuer in der Dämmerung, ist der Winter endgültig vorbei!

FRÜHLINGSERWACHEN

Der Frühling ist die Zeit des Erwachens und des Neubeginns. Alles regt sich, will ans Licht, will wachsen, Manches im Verborgenen, Manches entdecken wir nur, wenn wir genau hinsehen. Wir können jeden Tag Neues entdecken, wenn wir nur ein wenig achtsam sind. Für unsere Kinder ist die Welt jetzt voller Wunder, voller Farben und voller Düfte.

Der Garten erwacht

Endlich bleibt es wieder länger hell und erste sonnige Tage lassen Gärtner ungeduldig werden. Gern möchte man damit beginnen, die Beete für Aussaat und Pflanzung vorzubereiten. Bis es so weit ist, muss man sich noch ein wenig gedulden.

So mancher Igel schläft noch im Gebüsch, viele Insekten haben sich zwischen stehen gebliebenen Pflanzen verkrochen. Aufgescheucht und vertrieben könnten ihnen späte Fröste schaden. Gönnen wir ihnen noch etwas Ruhe und erfreuen uns an den bunten Frühjahrsboten. Späte Fröste und Schnee halten weder Winterlinge noch Schneeglöckchen auf. Unbeirrt schieben sie ihre Blätter durch Schnee und Laub und erfreuen uns Menschen und früh erwachte Bienen mit den ersten Blüten im Frühjahr.

Kurze Zeit später vervollständigen Krokus, Blausternchen, frühe Tulpen und Veilchen die Farbpalette. Bis Ostern sind auch Osterglocken, Primeln und Anemonen so weit; das Frühjahr ist endgültig da. Bis Pfingsten geht es in raschem Tempo weiter. Im Mai explodiert die Blütenpracht. Jetzt blühen auch die Bäume und jede Windböe lässt Wolken von rosa und weißen Blütenblättern durch die Luft wirbeln, wie der Funkenregen eines Feuerwerks. Erst wenn die Bäume wieder grün sind, geht der Frühling dem Ende zu und der Sommer kann kommen. Aber noch ist es kühl und in schattigen Ecken hält sich der Schnee.

Hacken, Düngen, Säen

GARTENFREUNDE
Kaum scheinen die ersten wärmenden Sonnenstrahlen zieht es Gartenfreunde in den Garten. Endlich darf wieder gehackt, gedüngt, gesät und gepflanzt werden!

Boden lockern, Hacken, Düngen, Säen und Pflanzen sind des Gärtners erste Tätigkeiten im Jahr, damit das neu erwachende Leben Licht, Luft und Nahrung findet. Blühen die Tulpen, Primeln und Osterglocken, hält uns nichts mehr im Haus. Ungeduldig wird das Wetter beobachtet. Oft ist der Boden noch zu nass, doch sobald er ein wenig abgetrocknet ist und sich die Sonne auch nur zaghaft zeigt, kann es losgehen, und als ob es eine geheime Absprache gäbe, sind an diesem Tag alle Nachbarn und Dorfbewohner im Garten anzutreffen.

Luft und Licht für Beete

Ab Mitte März können Sie den Winterschutz von den Blumenbeeten entfernen. Da sich darunter schon die ersten Triebe an die Erdoberfläche gedrängt haben, ist der Tag sorgfältig zu wählen. Bedeckter Himmel und Windstille sind Voraussetzung dafür, dass sich die kleinen Pflanzen ohne Schock an die frische Luft gewöhnen. Auch sollte die nächste Nacht frostfrei sein. Spätere, leichte Fröste schaden dann nicht mehr.

Staudenschnitt nachholen

Wer seine Stauden im Herbst nicht geschnitten hat, sollte dies bis April nachholen, bevor die neuen Triebe nachwachsen. Alle mehrjährigen Stauden können Sie bis zum Boden abschneiden, dadurch haben nachwachsende Triebe wieder Platz. Manche Stauden neigen dazu, sich ringförmig in alle Richtungen auszubreiten. Oft bleibt die Mitte mit der Zeit kahl. Hier hilft nur Ausgraben, Zerteilen und an einem neuen Platz wieder einpflanzen. Andere Stauden breiten sich durch Wurzelausläufer aus oder samen sich aus, wenn man die Blüten stehen lässt. Mit den Jahren bekommt man jede Menge Nachwuchs, den man entweder schweren Herzens über den Kompost entsorgt oder beim Nachbarn eintauschen kann.

LICHT UND LUFT
Beim Rundgang durch den Garten ist die Erwartung zu spüren: Das neue Leben braucht Licht und Raum. Diese besondere Stimmung gibt es nur im Frühjahr. Sie lässt uns Gärtner kribbelig werden.

Pflanzendünger aus dem Garten

Starkzehrer brauchen im Sommer schnell wirkenden Dünger, um den hohen Nährstoffbedarf zu decken. Pflanzenjauche eignet sich gut und lässt sich leicht herstellen. Sie benötigen einige kleine Fässer oder große Eimer mit Deckel. Grundsätzlich lassen sich alle pflanzlichen, nicht holzigen Abfälle verjauchen. Nur samentragende Unkräuter sollte man meiden, denn die Samen gehen im Jauchefass nicht kaputt und man würde sie zusammen mit der Jauche wieder aufs Beet gießen. Dorthin zurück, wo man sie vorher mühsam entfernt hat.

Je nach Bedarf lohnt es sich, Pflanzen für die Jauche anzubauen. Zwei Pflanzen sind besonders gut geeignet, da ihre Blätter sehr stickstoffhaltig sind: Da wäre zum einen die Brennnessel. Sie wächst fast überall, vor allem an Feldrändern. Man braucht sie also nicht in den Garten zu holen. Ebenso ergiebig ist Beinwell. Diese großblättrige Pflanze wächst gut an humosen und feuchten Standorten. Ihre violetten Blütenglocken versteckt sie zwischen ihren Blättern. Sie liebt Sonne, kommt aber auch im Halbschatten zurecht. Die bis zu drei Meter lange Pfahlwurzel holt viele Nährstoffe aus Tiefen, an die andere Pflanzen nicht heranreichen.

So wird's gemacht

Füllen Sie den Behälter locker mit frischen Pflanzen und gießen Sie mit Regenwasser auf. Den Deckel lose auflegen. Die nächsten 10 – 14 Tage täglich umrühren, bis die Jauche nicht mehr schäumt. Der Geruch von vergärenden Pflanzen ist allerdings nichts für jede Nase.

↓
....

JAUCHE

Tägliches Umrühren ist schon alles, was der selbst hergestellte Dünger an Pflege braucht. Im Wasser zersetzen sich die weichen Pflanzenbestandteile sehr schnell. Alles, was übrig bleibt, kann auf den Kompost.

Geben Sie einige Tropfen Baldrianblütenextrakt hinzu, sie neutralisieren den Geruch. Verwenden Sie die Jauche fünffach verdünnt zur Düngung und achten Sie darauf, nicht die Pflanzen selbst, sondern nur den Boden ringsherum zu gießen.

Kompost – das Herz des Gartens

Unverzichtbar für den Garten ist der Kompost. Alle Pflanzenabfälle, auch rohe Küchenabfälle, Tee- und Kaffeereste können hier dem Kreislauf von Werden und Vergehen zugeführt werden. Vorsicht ist nur bei kranken Pflanzen und bei Samen tragenden Unkräutern geboten. Selten wird im Garten bei der Verrottung eine ausreichend hohe Hitze erreicht, um Krankheitserreger abzutöten oder Samen zu zersetzen. Diese kritischen Pflanzenreste können Sie über die kommunalen Sammelstellen entsorgen. Die großen Kompostieranlagen erreichen die notwendige Hitze von mindestens 70 °C.

Tausend kleine Helfer

Kompost entsteht fast ohne unser Zutun. An der Verrottung sind unendlich viele Lebewesen beteiligt. Verschiedene Würmer, Milben, Pilze und Bakterien verarbeiten das grobe Material zu reifem Kompost für die Gartenbeete. Voraussetzung für einen ungestörten Verlauf sind genügend Feuchtigkeit und vor allem ausreichend Luft. Sonst entsteht Fäulnis, die man in aller Regel am säuerlichen Geruch erkennt. Zur Belüftung sollte ab und zu grobes Material, etwa Strauchschnitt, auf den Kompost geworfen werden. Die Pflanzenabfälle sorgen für Feuchtigkeit. Vorsicht ist bei frischem Rasenschnitt geboten. Er klebt leicht zusammen und wird luftundurchlässig. Er ist als dünne Mulchschicht auf den Beeten besser aufgehoben.

Ausgereift

Etwa ein Jahr braucht der Kompost zur Reife. Wenn sich die roten Kompostwürmer zurückgezogen haben, ist der Kompost fertig. Die Würmer arbeiten nur so lange, wie Pflanzenreste vorhanden sind. Die Feinarbeit überlassen sie anderem Getier.

Bevor der Kompost gebrauchsfertig ist, wird er gesiebt. Die groben Teile bleiben im Gitter hängen und kommen wieder zurück in den Kompostsilo. Den gesiebten Kompost können Sie sofort auf den Beeten verteilen, jährlich eine ein bis zwei Zentimeter dicke Schicht genügt, um den Humusgehalt des Bodens langfristig zu erhöhen und damit die Bodenstruktur nachhaltig zu verbessern.

Kompost veredeln

Sie können den Kompost noch veredeln, in dem Sie ab und zu ein paar Handvoll Steinmehl oder Kalk in den Kompostsilo streuen. Dadurch verstärkt man die düngende Wirkung. Brennnesseln, leicht angewelkt und zerkleinert oder in Form von Jauche, fördern den Verrottungsprozess und erhöhen den Stickstoffgehalt. Der so angereicherte Kompost ist gut für Blattgemüse geeignet.

Holzasche enthält viel Kalk, Kalium und Magnesium, wichtige Mineralien für viele Pflanzen. Über den Kompost kommen die Mineralien wieder in den Boden zurück. Allerdings sollte man nur die Asche von unbehandelten Hölzern verwenden. Gesiebter Kompost, zu gleichen Teilen mit Sand und Rindenhumus gemischt, eignet sich gut als Erde für alle Kübelpflanzen.

Düngen, aber wie?

GOLD DES GARTENS
Es ist schon ein kleines Wunder: Innerhalb weniger Monate ist aus den Garten- und Küchenabfällen ein wichtiger Humuslieferant geworden. Einfach einfüllen, abwarten, durchsieben und der luftig lockere Kompost kann im Garten verarbeitet werden.

Mitentscheidend für gesundes Wachstum ist das Nährstoffangebot im Boden. Nicht alle Pflanzen haben die gleichen Ansprüche. Im Gemüsegarten braucht man mehr Stickstoff, der besonders für das Wachstum von Blättern wichtig ist. Im Blumenbeet ist Phosphor und Magnesium für farbige Blütenpracht gefragt. Manche Pflanzen mögen keinen Kalk, andere wachsen am besten in magerem Boden.

Die Nährstoffe aus flüssigem Dünger sind sofort pflanzenverfügbar und deshalb für junge Pflanzen, die rasch wachsen wollen, ideal. Für die langfristige Versorgung sind organische Düngemehle und Hornspäne hervorragend geeignet. Sie können sie im Frühjahr zusammen mit Kompost in den Boden einarbeiten. Sie zersetzen sich langsam und versorgen die Pflanzen das ganze Jahr über kontinuierlich mit den notwendigen Nährstoffen. Für die Versorgung mit Mineralien sind Gaben von Kalk und Steinmehl im Abstand von zwei bis drei Jahren zu empfehlen. Als Geheimtipp gilt Muschelkalk im Möhrenbeet. Damit sollen die Möhren ein wunderbar süßes Aroma bekommen. Probieren Sie es aus!

Platz für Allerlei im Geräteschuppen

Der Geräteschuppen darf in keinem Garten fehlen. Regale für Blumentöpfe, Samentüten und allerlei Kleinteile sowie Haken an den Wänden für Spaten, Hacke und Schaufel sorgen für Platz auf kleinstem Raum. So sind die Geräte aufgeräumt und vor Wind und Wetter geschützt.

Stets griffbereit sollte der Kratzschuh an der Tür hängen. Damit reinigt man die Gartengeräte nach getaner Arbeit. Dieses kleine, unverzichtbare Gartengerät können Sie leicht selbst herstellen, indem Sie ein etwa handgroßes, keilförmig zugeschnittenes Stück Hartholz mit einem Griff versehen. Leicht lässt sich damit der grobe Dreck von Spatenblatt und Hacke abschaben, bevor die Geräte weggestellt werden.

Ein Arbeitstisch im Garten

Größere Schuppen bieten auch noch Platz für die Werkbank. Dies ist der Arbeitstisch des Gärtners. Hier werden Stauden zerteilt, Jungpflanzen umgetopft und Gartengeräte für den Winter gereinigt und repariert. Doch auch im Freien steht die Werkbank gut, vielleicht unter dem Vordach des Schuppens, vor Regen geschützt. Wenn Sie ein geräumiges Gewächshaus haben, kann Ihr Arbeitstisch auch hier schön untergebracht werden.

Damit Ihre Werkbank den örtlichen Gegebenheiten und Notwendigkeiten angepasst ist, bauen Sie sie doch einfach selbst: Ein großes Brett, möglichst lang und etwa 40 bis 50 Zentimeter breit mit einem einfachen Unterbau aus Kanthölzern reicht aus, um Platz für die anfallenden Arbeiten zu haben.

Wenn Sie unter der Arbeitsfläche noch einige Fächer oder Schubladen für alle benötigten Werkzeuge anbringen, ist Ihre Werkbank komplett.

Natürlich tut es auch ein alter Küchentisch. Hauptsache die Werkbank ist stabil, steht sicher und wackelt nicht während der Arbeit.

GRABGABEL UND SPATEN
Die Auswahl der Gartengeräte ist von den lokalen Gegebenheiten abhängig. Besonders Bodenbeschaffenheit und Bewuchs haben Einfluss auf die Art der benötigten Geräte.

Auswahltipps für Gartengeräte

Mit solidem Werkzeug geht Ihnen die Gartenarbeit leicht von der Hand. Wählen Sie Ihre Geräte sorgfältig aus. Dabei ist der Preis nicht immer ein Qualitätsmerkmal. Das Spatenblatt oder andere Metallteile müssen nicht aus Edelstahl sein. Schmiedestahl ist genauso gut, braucht jedoch etwas mehr Pflege. Bei der Auswahl verdient der Stiel und das Gewicht Ihre besondere Aufmerksamkeit. Harte, langfaserige Hölzer wie Esche und Hickory sind geeignet. Man erkennt einen guten Stiel daran, dass die Holzfaser vom Griff bis zum Blatt verläuft. Mit einem leichten, kleineren oder schmaleren Gerät dauert die Arbeit nur vermeintlich länger. Ist das Gerät zu schwer, ermüden Sie rasch und brauchen mehr Pausen.

Gartengeräte richtig pflegen

Während es beim Edelstahl ausreicht, das Gerät nach Gebrauch zu reinigen und von Zeit zu Zeit zu schärfen, benötigt Schmiedestahl auch einen Rostschutz. Der Rost kann mit feiner Stahlwolle, bei stärkerem Rost mit einer Stahlbürste entfernt werden. Danach bekommt der Stahl einen feinen Fettfilm als Schutz. Ballistol

↑
....
DIE RICHTIGE ARBEITSHÖHE
Wird der Arbeitstisch nicht für die Gerätepflege benötigt, können Sie ihn gern für Anderes zweckentfremden. Als Blumenbank ist der Tisch wunderbar geeignet.

oder Vergleichbares ist bestens geeignet. Holzgriffe werden mit einer Mischung aus Leinöl und Terpentinersatz eingerieben, wobei der Terpentinersatz dafür sorgt, dass das Öl tief ins Holz eindringt und vor Feuchtigkeit schützt. Gebrauchte Lappen unbedingt in verschlossenen Behältern aufbewahren, denn es besteht Selbstentzündungsgefahr. Wackelt es, hilft ein kleiner Metallkeil, keinesfalls Wasser, wie es gern empfohlen wird!

Schneidwerkzeuge, von der Rosenschere bis zum Rasenmäher, sind schwieriger zu reinigen. Die klebrigen Rückstände vom Pflanzensaft dringen auch in Gelenke und Scharniere ein. Spiritus eignet sich besonders gut zur Reinigung. Manchmal ist es notwendig, alles auseinanderzubauen und einige Zeit einzuweichen, bevor sich hartnäckige Verschmutzungen entfernen lassen.

Das Schleifen und Schärfen der Geräte ist eine hohe Kunst, die Sie lieber dem Fachmann überlassen. Früher zogen die Scherenschleifer übers Land und boten ihre Dienste an. Doch das fahrende Volk ist selten geworden. Fragen Sie Ihre Nachbarn, wer im Ort dieses Handwerk beherrscht. Bei regelmäßiger Pflege bleiben gute Gartengeräte in Schuss und halten lange.

Erstes zartes Grün für die Küche

Sobald es draußen nach Frühling riecht, kommt der Appetit auf frisches Grün – nicht nur bei den Vierbeinern. Überwinterter Kohl bekommt neue zarte Triebe, die in der Küche willkommen sind, und Frühlingszwiebeln regen sich zu neuem Wachstum.

Glücklich schätzt sich, wer Winterheckenzwiebeln in seinem Garten hat. Sie ist eine alte Bauerngartenpflanze, und einmal ausgesät, bleibt sie viele Jahre im Garten, wo sie ab dem frühesten Frühjahr bis weit in den Winter hinein unermüdlich frische grüne Zwiebelröhrchen liefert. Sie bildet dichte Horste, die zur Vermehrung geteilt werden können. Man kann die Stängel als Gemüse zubereiten oder wie Schnittlauch zum Würzen verwenden.

Löwenzahn bietet sich als frühe Salatpflanze an. Die ersten zarten Blätter sind aromatisch, aber nicht bitter. Besonders lecker sind sie gebleicht. Dazu schneidet man vorhandene Blätter bis zur Wurzel ab und stülpt einen Blumentopf über die Pflanze. Die neu austreibenden Blätter sind hell und zart knackig. Je nach Lage kann Löwenzahn so bereits ab Mitte März geerntet werden. Anderes wiederum muss erst ausgesät werden.

Früher ernten

In Frühbeeten, in Folientunneln und unter Vlies beginnt das Frühjahr einige Wochen eher. Hier sind die jungen Pflanzen vor Kälte und Wind geschützt und bekommen keine »kalten Füße«. Wichtig ist, dass der Boden zur Aussaat schon erwärmt ist. Die Beete werden deshalb bereits 10 Tage vor dem geplanten Termin vorbereitet und abgedeckt. Dunkler Kompost wird in die obere Erdschicht eingearbeitet und beschleunigt die Erwärmung.

Für einen kleinen Vorsprung sorgt Vlies. Nach der Aussaat von Spinat, Zwiebeln oder Möhren wird das Beet damit abgedeckt. Die Pflänzchen entwickeln sich gut im günstigen Mikroklima unter dem Vlies. Wird es zu eng, kann das Vlies nach den Eisheiligen von den Beeten genommen werden.

KNACKIG FRISCHER SALAT
Schnittsalat ist schnell herangewachsen und erntereif. Im Frühbeet oder im Gewächshaus kann er schon früh im Jahr für die Küche geschnitten werden.

Unter Glas

Im Frühbeet werden ab Mitte März Radieschen, Rauke und Schnittsalat gesät. 30 Tage benötigen Radieschen von der Aussaat bis zur Ernte. Sie sind ein echtes Frühjahrsgemüse, denn ab Juni ist es ihnen zu warm und sie werden nicht mehr rund, sondern entwickeln sofort Blüten. Rucola oder Salatrauke braucht sogar nur drei Wochen, bis die ersten Blätter bei einer Länge von zehn Zentimetern geschnitten werden können.

Überall dort, wo wieder Platz in den Reihen ist, kann junger Kopfsalat aus dem Haus nachrücken. Ab April werden empfindliche Pflanzen ins Frühbeet gesät, die im Freiland erst ab Mitte Mai gedeihen würden. Eine Vorkultur von Stangenbohnen, Kürbis oder Gurken, am besten in kleinen Töpfen, beschert uns einen Vorsprung von einigen Wochen.

Unter Folie

Folientunnel sind schnell aufgestellt und können im Lauf des Jahres auch umziehen. Bereits im März kann hier ausgesät werden, was sonst erst im April ins Freiland kann. Dazu gehören Erbsen, Möhren, Zwiebeln und die Vorkultur von späten Kohlsorten. Folgesaaten von Kohlrabi, Salat und bis Mitte Mai auch Radieschen können hier Schutz finden.

Später ziehen die Tunnel um und bieten Gurken, Auberginen, Buschbohnen oder Paprika im Sommer beste Bedingungen. Allerdings muss der Tunnel dann zur dauerhaften Belüftung an den Enden etwas hochgezogen werden.

Für frische Luft sorgen

Eine ausreichende Luftzirkulation ist für alle Pflanzen wichtig. Sorgen Sie besonders tagsüber für ausreichende Belüftung. Während Sie beim Frühbeet einfach das Fenster mehr oder weniger öffnen können, wird beim Folientunnel die Folie an einem Ende hochgeschlagen. Nachts sollte keine kalte Luft oder gar Frost eindringen. Decken Sie die Frühbeete mit Strohmatten oder Vergleichbarem ab, wenn Nachtfrost vorhergesagt wird.

ROT, RUND UND KNACKIG

Radieschen werden gleich an Ort und Stelle ausgesät. Sie brauchen frühlingshaft kühle Temperaturen, um schön rund zu werden. Regelmäßige Folgesaaten sorgen für Nachschub.

MIT NAMENSSCHILDCHEN

Mit sorgfältig beschrifteten Schildern in den Vorkulturtöpfchen behalten Sie immer die Übersicht über Ihre jungen Setzlinge.

Früherziehung der Pflanzen

Wenn Sie schon frühzeitig Maßnahmen ergreifen, brauchen Sie bei trockenem Wetter nicht ständig mit der Gießkanne herumzulaufen. Dazu gehört die Erziehung der Pflanzen, damit sie ein tiefes Wurzelwerk ausbilden. Das können jedoch nicht alle Pflanzen, Erdbeeren, Himbeeren und Erbsen gehören zur Gruppe der Flachwurzler. Ihre Reichweite ist sehr begrenzt. Hier kann eine Mulchschicht helfen, die Feuchtigkeit länger im Boden zu halten. Wichtig ist es, dass die Pflanzen von Anfang an eher sparsam mit Wasser versorgt werden. Denn ist das Wasserangebot an der Erdoberfläche gering, wachsen die Wurzeln in die Tiefe. Je tiefer die Wurzeln reichen, desto länger können die Pflanzen Trockenzeiten überstehen.

Besser ist es, die Pflanzen nicht so häufig, dafür aber reichlich zu gießen. Dazu teilt man seinen Garten am besten in vier bis fünf Bereiche ein, die dann reihum gegossen werden. So behält man die Übersicht und die Pflanzen gewöhnen sich gut an diesen Rhythmus.

Feuchtigkeitsschutz

Mulchen, also das Bedecken der Erdoberfläche mit organischem Material, sorgt für länger anhaltende Bodenfeuchtigkeit. Geeignet sind Rindenmulch für den Ziergarten, Stroh oder strohiger Stallmist für Starkzehrer, dünn gestreuter Rasenschnitt zwischen Schwachzehrern oder Laub unter Bäumen und Sträuchern. Die Mulchschicht wird nach und nach zersetzt. Dadurch wird die Humusbildung des Bodens gefördert und die Pflanzen leicht gedüngt. Bei Dauerregen oder plötzlichen, heftigen Regengüssen schützt die Mulchschicht vor Verkrustung der Erdoberfläche und hält den Boden locker und krümelig.

ENDLICH IN DEN GARTEN!
Für einen guten Start stehen im Frühjahr viele Arbeiten im Gemüsegarten an. Schön, wenn alles wächst und gedeiht und uns eine reiche Ernte beschert.

Töpfe und Kästen gießen

Pflanzen in Töpfen und Blumenkästen können ihre Wurzeln nicht in tiefere Bereiche ausstrecken, deshalb müssen sie täglich, manchmal sogar mehrmals, gegossen werden, wenn die Töpfe in der Sonne stehen. Hier bietet die Klangprobe einen guten Anhaltspunkt: Klopfen sie am Topf. Je heller der Klang, desto trockener ist die Erde. Das funktioniert allerdings nur bei Tontöpfen.

Eine automatische Wasserversorgung ist bei längerer Abwesenheit notwendig. Hierfür bietet der Handel vom einfachen Kunststoffkegel, der in die Erde gesteckt wird und auf den eine einfache Wasserflasche als Reservoir geschraubt werden kann, bis hin zu computergesteuerten, unterirdisch verlegten Bewässerungssystemen alles an.

Vom Holunderbusch

Holunder ist genügsam und wächst fast überall, auch im Garten. Hier steht er gut beim Kompost, wo er für angenehmen Schatten sorgt. Im späten Frühjahr bedecken breite Blütendolden den Holunderstrauch wie einen Schleier. Lässt der Wind sie wie Schneeflocken herabrieseln, sieht man Frau Holle die Betten ausschütteln.

In Sagen, Märchen und Abzählreimen spiegelt sich die Zuneigung der Menschen zum Holunder wider. Schon seit der Steinzeit wird er von den Menschen genutzt und verehrt: Tee aus Blüten, Saft aus den Beeren als schweiß- oder wassertreibende Medizin, Umschläge aus Blättern und Rinde bei Geschwüren und ein aus den Wurzeln gekochter Brei bei Schlangen- oder Hundebissen. Die »Apotheke des armen Mannes« darf auf keinem abgelegenen Hof und auf keiner Alm fehlen.

Immer wurden dem Holunder magische Kräfte zugeschrieben. Frau Holle wohnt dort und gute Geister. Der Eingang zur Unterwelt oder zum Feenreich befindet sich unterm Hollerbusch.

Köstliche Holunderblüten

Greifen Sie ruhig zu. Holunderblüten sind eine besondere Köstlichkeit. Für die Küche wird alles Grüne sorgfältig von den Blütendolden entfernt, es würde den Geschmack mit seinen Bitterstoffen verderben.

Frisch schmecken die Blüten gut frittiert. Dazu werden die ganzen Blütendolden am Stiel gefasst, in den eher flüssigen Pfannkuchenteig getunkt und sofort in heißem Fett frittiert. Besteck ist nicht nötig. Die Blüten werden »am Stiel« gegessen. Sie können den zarten Geschmack der Blüten wunderbar in einem Sirup bewahren. Dazu werden 3 kg Zucker in 2 Liter abgekochtem Wasser eingerührt, bis sich der Zucker auflöst. Dazu geben Sie je nach Geschmack den Saft von 2 bis 3 Zitronen. Nun kommen etwa 20 bis 22 Holunderblüten ohne Grün in das abgekühlte Zuckerwasser. Vorsichtig umrühren und 24 Stunden ziehen lassen. Abseihen und heiß in Flaschen füllen. Der Sirup ist als Grundstoff für eine köstliche Sommerlimonade ebenso gefragt wie als Zutat zu Bowle oder Longdrinks. Probieren erlaubt!

ZARTE HOLUNDERDOLDEN
Schon beim Schneiden der Dolden umweht Sie der zarte Duft der Holunderblüten verheißungsvoll. Aber Geduld, schneiden Sie nur so viel, wie Sie verarbeiten möchten. Sie können morgen wieder frische holen.

Federvieh

Das Sonntagsei, von persönlichen Bekannten gelegt und zur Verfügung gestellt, ist für viele Menschen der Inbegriff der ländlichen Idylle. Hühnerfreunde und Gänsefans schwärmen vom Sozialverhalten und der fremdartigen Grazie ihrer Vögel.

K eineswegs geht es im sozialen Gefüge von Hühnern nur nach der Hackordnung, wie man früher glaubte. Und es gibt kaum ein beruhigenderes Geräusch als ihr leises Glucksen, wenn man abends die Stalltür schließt. Solange sie noch fremd in der neuen Umgebung sind, begeben sich die Gefiederten vielleicht in den niedrigen Ästen einer Fichte oder Quitte zur Ruhe und müssen frühzeitig mit Futter zum Stall gelockt werden.

Ursprünglich ist das Huhn ein Bewohner von Wald und Unterholz. Dort fühlt es sich sicher. Mit Vorliebe spaziert es unter Büschen oder Bäumen herum, wenn es nicht gerade ein Staubbad nimmt oder den Misthaufen auseinanderscharrt. Hühner machen Freude und eignen sich gut für Tierhalterneulinge.

Alte Hühnerrassen

HÜHNERGLÜCK
Nachmittags steht allen glücklichen Hühnern die unbegrenzte Freiheit einer Wiese zu. Auch beim Scharren auf dem Misthaufen, beim Rascheln im Gebüsch und beim Erkunden von Hof und Garten wird zufrieden gegackert.

Vielleicht können Sie sich für eine der alten Hühnerrassen begeistern, die heute zum Teil bereits in ihrem Bestand gefährdet sind. Da der Trend seit Jahrzehnten zum Entweder-oder-Huhn geht, haben es die widerstandsfähigen Zweinutzungshühner schwer. Die selten gewordenen Vorwerkhühner, Brakel, Ramelsloher, Sundheimer, Bergischen Schlotterkämme und Deutschen Lachshühner legen um die 160 köstliche Eier im Jahr, bringen aber auch ein gutes Schlachtgewicht auf die Waage. Auf größeren ländlichen Wochenmärkten werden in den wärmeren Monaten ebenfalls Hühner angeboten. Hierbei handelt es sich um sogenannte Hybridhühner, die eine hohe Legeleistung von deutlich über 200 Eiern im Jahr erwarten lassen. Die meisten Hühner können sehr zahm werden, wenn Sie sich ausgiebig mit ihnen beschäftigen.

Die schönen Barnefelder mit ihren schokoladenbraunen Eiern sind ebenso attraktiv wie die seltenen, puscheligen Lachshühner, die robusten Sussex oder die zutraulichen, fluguntüchtigen Seidenhühner, von denen man sich allerdings keine allzu große Legeleistung erwarten darf, da sie leidenschaftliche Mütter sind und alles ausbrüten möchten, was man ihnen unterlegt.

Hühnerhaltung

Glückliche Hühner brauchen Freilauf. Damit ist nicht das eingezäunte und vielleicht sogar überdachte Gehege gemeint, das an den Stall anschließt, sondern echte, selbstbestimmte Freiheit inform einer eingezäunten Wiese. Manche Hühner dürfen tagsüber sogar auch über den ganzen Hof stolzieren. Zu früh am Tage sollte die große Freiheit jedoch nicht gewährt werden, sonst könnte es sein, dass Sie die Früchte der Hühnerhaltung, die Eier, überall auf Ihrem Grundstück einsammeln müssen. Wenn Sie die Auslauftür gegen Mittag öffnen, haben die Damen ihr Ei bereits brav ins Legenest gelegt. Sobald sich Ihre Hühner eingewöhnt haben, werden sie in der Dämmerung von allein den schützenden Stall aufsuchen.

WELLNESS FÜRS FEDERVIEH
Direkt an den Stall schließt sich ein kleiner Auslauf an, in dem Ihre Hühner frisches Wasser und eine Futterstelle haben. Gras wächst dort meist keines, aber es finden sich ideale Sandbadestellen.

Der Stall

VILLA MIT HÜHNERLEITER
Ein Hühnerstall, der sich im
Stehen misten lässt, ist für
uns Menschen praktisch.
Hühner mögen es vor allem
sauber, zugfrei, geräumig
und trocken. Natürliche Sitzstangen aus Ästen nehmen
sie gern an.

Hühnerställe gibt es vielerlei Varianten. Schick darf er ruhig sein, Ihr Stall, wichtiger ist jedoch, dass er hühnerfreundlich, praktisch und leicht zu reinigen ist. Am schönsten ist es, wenn Sie ein bereits vorhandenes, möglichst helles Gebäude, einen kleinen Schuppen oder Stall nutzen können. Sitzstangen für die Nacht, komfortable Legenester und ein angrenzendes Gehege sind schnell errichtet. Sitzstangen, Nester und der Boden des Stalls müssen leicht zu reinigen sein, da Sauberkeit die wichtigste Maßnahme zur Gesunderhaltung Ihrer Hühner ist.

Die Legenester streuen Sie am besten mit Heu oder Stroh ein, als Einstreu für den Boden eignen sich staubfreie Späne aus der Pferdehaltung. Hühner zu misten ist eine wenig erfreuliche Angelegenheit, aber die Späne sorgen dafür, dass Sie die Aufgabe wenigstens schnell hinter sich bringen können.

Pro Quadratmeter Stallfläche rechnet man mit drei Tieren, pro Tier rechnet man mit 10 Quadratmetern Auslauffläche. Diese Fläche verringert sich jedoch, wenn Ihre Tiere wirklichen Freilauf bekommen. Dann dient der eventuell sogar überdachte Auslauf lediglich als »Wintergarten«.

Inzwischen gibt es schick aussehende Hühnerställe für vier bis sechs Hühner fertig zu kaufen. Häufig ist sogar ein kleines Gehege integriert. Ein Stall, den man nur in gebückter Haltung misten und reinigen kann, wird seltener gemistet werden, als einer, in dem man sich auch als Mensch bequem bewegen kann. Vier oder fünf Hühner brauchen nicht viel Platz. Aber sie sind nicht die Einzigen, die im Hühnerstall zu tun haben.

Hahn und Henne

Ob die Sonne jeden Morgen aufgehen würde, wenn es keine Hähne gäbe, die sie herbeikrähen? Diese Frage ist noch nicht geklärt worden. Ab einer Schar von fünf Hühnern sollten Sie darüber nachdenken, ob Sie auch einen Hahn halten wollen. Hähne sind rührend um ihre Hühner bemüht, überlassen ihnen die besten Leckerbissen und schützen sie vor Raubvögeln wie Habichte. Häufig sind sie eine Augenweide, und wer je einen Hahn besaß, wird hahnlose Hühnerhaltung als unvollständig betrachten. Nachteile des Hahns könnten morgendliches Krähen und sein Fortpflanzungsverhalten sein. Bei Hühnern mit ausgeprägtem Bruttrieb schlüpfen aus den befruchteten Eiern nach drei Wochen entzückende Küken.

Während unsere eigenen Hähne immer sehr zahm waren und sich sogar auf den Arm nehmen ließen, gibt es angriffslustige Tiere der gleichen Rasse, vor denen man sich besser in Sicherheit bringt. Der Charakter der Tiere lässt sich ab einem Alter von ungefähr zwei Monaten erkennen.

ALL YOU CAN EAT
Geflügel, das sich beim Freilauf selbst mit Würmern, Insekten und Gras versorgen kann, hat bereits eine gute Futtergrundlage, die jedoch noch mit Körnerfutter und Grit ergänzt werden muss.

Das Futter

Im Freilauf versorgen sich Ihre Hühner selbst mit Grünfutter, das etwa ein Drittel der täglichen Futterration ausmacht. Im Winter kann man den Hühnern zusätzlich oder als Ersatz für frisches Gras gehäckseltes Heu anbieten. Auch getrocknete, fein gemahlene Brennnesseln sind ein gesundes Winterfutter, das Sie von der Natur geschenkt bekommen, wenn Sie ein wenig Zeit für das Sammeln, Trocknen und Pulverisieren der Nesseln investieren.

Doch auch wenn Ihre Hühner viele Stunden lang scharren und picken, benötigen sie zusätzliches Körnerfutter. Im Landhandel gibt es fertige Körnermischungen für Legehennen in Premium-, Standard- und Biolandqualität, das auch den für die Verdauung wichtigen Grit enthält. Die meisten Hühnerhalter schwören darüber hinaus auf spezielle Futterzugaben wie Sonnenblumenkerne, Muschelkalk, Buchweizen, gekeimtes Getreide, ungepulte Krabben oder Hirse.

Darüber hinaus sollten Ihre Hühner stets Zugang zu frischem, sauberem Wasser haben. Um das Wasser vor Verschmutzung zu schützen, stellen Sie die Tränke am besten etwas erhöht auf.

GANZ GENTLEMAN
Hähne führen ihre kleine Schar aufopferungsvoll zu den besten Leckerbissen und halten Wache, während die Mädels fressen.
Erhöht aufgestellte Tränken werden nicht so schnell verschmutzt.

Gänse – Alarmanlage auf Watschelfüßen

Als soziale, wachsame, intelligente und schöne Tiere können Gänse den Hofhund beinah ersetzen. Ihre Bindung aneinander und an den Menschen ist hoch. Auch wenn sie sich nicht so gern anfassen oder gar streicheln lassen, können sie sehr zahm und anhänglich werden. Und sie werden uralt. Gänse können ein Alter von 30 bis 40 Jahren erreichen!

Eine extrem gefährdete Gänserasse ist die Diepholzer Gans, die mit der stärker verbreiteten Emdener Gans verwandt ist. Beide Rassen haben hübsches, schwanenweißes Gefieder, die Diepholzer ist jedoch wesentlich leichter, robuster und genügsamer als ihre mit etwa 12 Kilo Lebendgewicht doppelt so schwere Kollegin. Die grau oder blau gefiederten Steinbacher Kampfgänse bringen wie die Diepholzer, die Celler und die Fränkischen Landgänse um die sieben Kilo Lebendgewicht auf die Waage. Die widerstandsfähigen Weidegänse können besonders zutraulich werden; kämpferisch werden bei den Diepholzern nur die Ganter, und auch das nur gegenüber anderen Gantern.

Paarweise Haltung

Halten Sie Gänse mindestens paarweise. Zwei weibliche Tiere machen mehr Lärm als Ganter und Gans, die Sie zudem auch noch mit Nachwuchs beglücken. Ein Gänsepaar mit Nachwuchs braucht etwa 2 000 Quadratmeter gut eingezäunten Auslauf und kommt notfalls auch mit einem flachen Wasserbecken als Bachersatz zurecht. Regionale Geflügelschauen bieten eine Auswahl an Rassen zum Betrachten und die Möglichkeit, Kontakt zu engagierten Züchtern aufzunehmen. Ihr erstes Gänsepaar kaufen Sie am besten beim Züchter!

Neben einem Auslauf brauchen Gänse auch einen Stall, der sie vor Füchsen oder Raubvögeln schützt. Der Stall sollte trocken, zugfrei und leicht zu reinigen sein.

GREENKEEPER
Gänse eignen sich hervorragend zur Pflege kleiner Wiesen. Sie sind robust und es macht Spaß, ihr Sozialleben zu beobachten. Darüber hinaus sind die intelligenten Tiere einfach eine Augenweide!

BITTE MIT SWIMMINGPOOL
Wassergeflügel ist eine Zierde für jede Wiese. Einen Teich oder einen kleinen Bach mit flachem Ufer sollte man den Tieren schon bieten können. Gänse sind etwas anspruchsloser in der Haltung als Enten.

Fütterung

Anders als Hühner und Enten sind Gänse genau wie Schwäne Vegetarier. Bei ausreichender Weidefläche versorgen sie sich im Sommer selbst. Sie lieben Klee und junge Gräser. Frisches Wasser, Muschelkalk und das für die Verdauung notwendige Gemisch aus grobem Sand und Steinchen sollten immer bereitstehen. In Wasser eingeweichter Hafer oder Weizen wird im Winter nicht verschmäht, spezielles Gänsefutter hält der Landhandel bereit.

Enten

Enten sind in der Haltung vielleicht das anspruchsvollste Geflügel, da sie viel Auslauf, ein größeres, am besten fließendes Gewässer benötigen und eine Schar an Artgenossen brauchen. Die derzeit sehr beliebten indischen Laufenten sind am unkompliziertesten, leben mehr an Land als auf dem Wasser, legen bis zu 200 Eier im Jahr und sind auch zu zweit noch glücklich. Andere Entenrassen wie die weiße Aylesburyente, die hübsche dunkle Pommernente mit weißem Lätzchen oder die deutsche Pekingente mit dem Pinguingang bieten schmackhaftes Fleisch. Die selten gewordene, widerstandsfähige Krummschnabelente ist ruhig, kann sehr zutraulich werden, legt gut und ziert Bach oder Teich als familienfreundliches Schmuckstück.

Fünf Enten und ein Erpel sollte die Entenschar mindestens zählen. Achten Sie später, wenn es Nachwuchs gibt, unbedingt darauf, die Zahl der streitlustigen lauten Erpel zu begrenzen.

SCHLAMMSCHLACHT
Die friedlichen und geselligen Enten können kleine Teiche oder feuchte Wiesen in schlammigen Matsch verwandeln. Ihre Platzansprüche sind hoch, auch an die Wasserfläche.

Haltung und Fütterung

Enteneier sind sehr schmackhaft. Nicht älter als zwei Wochen, erhitzt und aus sauberen Nestern gesammelt, sind sie gesundheitlich unbedenklich. Lassen Sie Ihre Enten erst vormittags aus dem Stall, wenn Sie Wert auf ihre Eier legen. Mitunter verstecken besonders besorgte Entenmütter ihre Eier unter der Einstreu. Es lohnt sich also, genau hinzusehen. Küken machen viel Arbeit, wenn sie gesund und munter aufwachsen sollen. Wärme, Sauberkeit, besonders reichhaltiges Aufzuchtfutter und eine Menge Fürsorge sind nötig, damit aus den verwunderten, flauschigen Federbällchen Enten werden.

Enten suchen sich ihr Futter zum Teil selbst. Grünfutter, Samen, Früchte, Schnecken und Kleintiere finden sie auf ihrer Wiese; Wasserpflanzen, Frösche, Kaulquappen und kleine Fische erbeuten sie beim Gründeln in größeren Teichen oder Fließgewässern. Dennoch brauchen sie, je nachdem, ob und wie sie »genutzt« werden, noch zusätzliches Futter. Hühnerfutter eignet sich nicht für Enten! Weizen und Pellets können in der Entenfütterung gut kombiniert werden. In reichlich Wasser eingeweichten Weizen können Sie draußen so füttern, dass er »gegründelt« wird, spezielle Pellets für Enten, die im Landhandel erhältlich sind, sollten aus Kostengründen sparsam und trocken verfüttert werden. Auch Enten brauchen Futtersteinchen oder »Magenkiesel«, mit deren Hilfe die Körner im Muskelmagen gemahlen und verdaut werden. Sie werden oft zusammen mit Kalk- und Muschelstückchen als »Grit« angeboten und sollten immer in einer Extraschüssel bereitstehen.

Kaninchen

Im Morgengrauen oder in der Abenddämmerung haben Sie sie vielleicht schon auf Ihrer Wiese entdecken können, die wilden Kaninchen. Im Gegensatz zu den Hasen, in deren Familie sie eingeordnet werden, leben Wildkaninchen gesellig.

Während Wildkaninchen höchstens 2 Kilo wiegen und kommen und gehen, wann sie wollen, bringen manche Rassekaninchen es auf 8 Kilo, Zwergkaninchen dagegen auf nicht mehr als drei Pfund. Die kleine Wiese hinterm Haus ist ein guter Standort für Kaninchen oder »Stallhasen«, wie sie fälschlicherweise auch genannt werden. Dass zum Kaninchenstall auch ein abwechslungsreicher, großer Auslauf gehört, der sich für ausgiebiges Buddeln und Herumhoppeln eignet, sollte selbstverständlich sein.

Nutztier oder Streichelschlappohr

In der Nachkriegszeit standen Kaninchen aus der Not heraus häufig auf dem Speiseplan. Heute wird das magere und diätetisch wertvolle Fleisch des typischen Nutztiers ländlicher Selbstversorger vor allem in Frankreich, Italien, Griechenland und Spanien verspeist.

Auf den Ausstellungen der Kleintierzuchtvereine können Sie an die 70 prächtige Kaninchenrassen bewundern, von kleinen Löwenzwergen und schlappohrigen Deutschen Kleinwiddern über anmutige Lohkaninchen und Blaue Wiener bis zum schweren Roten Neuseeländer.

Alle Kaninchen können sehr zahm und sogar stubenrein werden und Kunststückchen lernen, wenn Sie sich täglich mit ihnen beschäftigen. Als Fluchttiere sind sie allerdings auch schreckhaft. Ihren possierlichen Bewegungen beim Wittern, Fressen, Putzen oder Hoppeln zuzuschauen, macht besonders viel Spaß, wenn man sich dabei ins Außengehege setzen kann. Zur Geburtenkontrolle, aber auch um den Frieden zwischen männlichen Tieren zu erhalten, sollten Sie die Rammler im Alter von etwa vier Monaten kastrieren lassen.

KUSCHEL-LANGOHR
Sind die Kaninchenbabys Menschen von klein auf gewöhnt, lassen sie sich meistens gern auf den Arm nehmen und streicheln.

Der Stall – großzügig und praktisch

Ein sauberer, trockener und ausreichend großer Stall, an den ein Außengehege mit Sonnenschutz anschließt, abwechslungsreiches Futter und regelmäßige Gesundheitsvorsorge – mehr braucht man nicht, um eine Kaninchengesellschaft glücklich zu machen.

Die Stallfläche sollte für zwei mittelgroße Kaninchen gern zwei Quadratmeter betragen, bei ca. 80 Zentimetern Höhe und Tiefe. Auf dieser Grundfläche können die Kaninchen lang ausgestreckt liegen, drei Hoppelsprünge machen und aufgerichtet sitzen, ohne sich die Ohrspitzen anzustoßen. Eine gute Idee ist das Anbringen eines Schlafbrettes als »Zwischenetage«. Dieses etwa 30 Zentimeter breite Brett sollte so lang sein, wie ein ausgestrecktes Kaninchen, und in einer Höhe angebracht werden, die einerseits ein weiteres geschütztes Plätzchen zum Dösen in der Unteretage unter dem Schlafbrett ermöglicht und andererseits leicht zu erklettern ist. Wenn man ein Drittel der Fläche als fensterlosen Ruhebereich abteilen kann, erleichtert das das Misten und kommt dem Höhlenbewohner Kaninchen entgegen. Als Einstreu im gesamten Stall eignet sich gutes Stroh.

Hoppeln und Träumen im Außengehege

Der tägliche Auslauf im Freigehege sollte für Kaninchen stressfrei sein. Daher muss es auch in diesem Gehege Rückzugsmöglichkeiten und Sonnenschutz geben. Transportable Gehege haben den Vorteil, dass die Kaninchen sich ihr Futter selbst suchen können und der Boden gleichzeitig gedüngt wird. Fest installierte Gehege, die vielleicht sogar an den Stall anschließen, bieten dagegen eine größere und ausbruchssichere Grundfläche, da sie besser im Boden verankert werden können. Auch lässt sich im festen Gehege ein abwechslungsreicher Abenteuerspielplatz aus Baumscheiben, einem kleinen Erdhügel zum Buddeln, einer Röhre und verschiedenen Wohnebenen einrichten.

PENTHOUSE-WOHNUNG
Als Gruppenfans brauchen Kaninchen Artgenossen. Die beiden kastrierten Rammler unten links leben in einem großzügigen Gehege mit mehreren Ebenen und sehr guter Buddel- und Hoppelqualität.

Futter

↑

MÜMMELMANN-MENUE
Löwenzahn ist eine legendäre Kaninchendelikatesse, doch auch Kräuter und Zweige werden gern verspeist. Heu und frisches Grün runden den Speiseplan ab.

Kaninchen brauchen als Grundfutter im Sommer und Winter vor allem gutes, duftendes und staubarmes Heu.

Bei guter Haltung und Pflege werden Kaninchen mindestens fünf Jahre alt. Erkrankungen sind leider häufig auf Fütterungsfehler zurückzuführen. Kohl verursacht Blähungen und sollte, bis auf Kohlrabi, ganz von der Speisekarte gestrichen werden. Auch die Futterumstellung auf Grünfutter im Frühjahr ist häppchenweise und mit Bedacht zu gestalten, um Bauchweh zu vermeiden. Möhren samt Kraut, Fenchel, Sellerie, Maiskolben, Topinambur, Endivie, Sonnenblumen, Äpfel, Birnen, Salatgurken und gekochte Kartoffeln werden gern verspeist. Zweige von Birke, Haselnuss, Weide, Pappel, Obstbäumen oder Johannisbeersträuchern sind für die nagefreudigen Kaninchen Abwechslung und Gesundheitsvorsorge zugleich, da sie viele Mineralstoffe enthalten und sich die nachwachsenden Zähne der Kaninchen abnutzen. Auch Kräuter mögen die kleinen Fellnasen gern. Petersilie, Zitronenmelisse, Dill und Kerbel können in kleinen Mengen verfüttert werden. Frisches Grünfutter wie Löwenzahn oder Spitzwegerich sollte im Frühling in winzigen Mengen gegeben und dann allmählich gesteigert werden.

Haferflocken, Knäckebrot, Zwieback oder Fertigfutter werden in einer Keramikschale zweimal am Tag gereicht. Außerdem brauchen Kaninchen immer frisches Wasser, das in einer Trinkflasche mit Nippel am saubersten bleibt.

Insektenhotel – Ein Heim für wilde Tiere

Wenn Sie sich noch nicht für eine eigene Tierhaltung entscheiden können beziehungsweise Ihre erweitern möchten, ist ein kleineres oder größeres Insektenhotel eine schöne Möglichkeit, wilden und seltenen Tierarten in Ihrem Garten Unterschlupf zu gewähren.

Ganz uneigennützig ist der Bau des Obdachs allerdings auch wieder nicht. Die vielen verschiedenen Nützlinge, die es als Kinderstube und zum Überwintern brauchen, bekämpfen schädliche Insekten wie Blattläuse und sind darüber hinaus noch als Bestäuber von Obstbäumen und anderen Pflanzen tätig. Wie überall in der Natur herrscht also auch hier das schöne Prinzip des gegenseitigen Gebens und Nehmens.

Unser Modell ist für Einsteiger in die Insektenbeherbung gedacht, die zunächst vor allem Wildbienen sowie Ohrwürmer und Florfliegen zu sich einladen möchten. Haben Sie erst einmal Ihre Leidenschaft als Hotelier entdeckt, lassen Sie der kleinen Herberge vielleicht größere Komplexe folgen, die eher wie eine Regalwand aussehen und zusätzlich angebohrte Holzscheite, gelochte Baumscheiben, weitere Lochziegel, Schilfrohr, Stroh oder Holunderzweige für die Quartiersuche anbieten. Hummeln, verschiedene Wespenarten wie Schlupf-, Grab- und Wegwespen, Florfliegen und unterschiedliche seltene und bedrohte Wildbienenarten ziehen gern in die einzelnen Abteile aus Naturmaterial ein. Lehm, Sand und Wasser sollten in erreichbarer Nähe zur Verfügung stehen.

Ihr Insektenhotel sollte einen sonnigen sowie wind- und regengeschützten Platz im Garten bekommen, denn unter diesen Bedingungen können sich die Larven am besten entwickeln. Eine gut sichtbare, freie und dennoch wettergeschützte Einflugschneise sorgt für regen Hotelbetrieb. Schützen Sie frei stehende Insektenhotels mit einem kleinen Dach aus Dachpappe vor Niederschlägen. Die Dachpappe kann durchaus mit Schilf verschönert werden.

GRANDHOTEL FÜR INSEKTEN
Für Hotelgäste ist es in Ordnung, wenn sie gelegentlich beobachtet werden. Sind Lehmverschlüsse an den Löchern der Baumscheibe zu sehen, widmen sich die Solitärbienen dem Brutgeschäft.

Schritt für Schritt

Insektenhotel bauen

Material

3 Bretter 10 cm x 2 cm x 41 cm (Breite x Dicke x Länge)
1 Brett 10 cm x 2 cm x 16 cm
2 Bretter 10 cm x 2 cm x 18 cm
6 Bretter 5 cm x 3 cm x 10 cm
Hohllochziegel
Holzplatte (Rückwand) 6–8 mm Dicke, 43 x 43 cm
Dachpappe ca. 25 cm x 50 cm

Drahtgitter/Kaninchendraht ca. 30 cm x 30 cm
Nägel oder Schrauben zum Verbinden der Bretter

Werkzeuge

Hammer, Handsäge, Holzraspel, Schmirgelpapier,
Bohrmaschine, Bohrer (3, 6, 8 mm Durchmesser)

 1. Zuschneiden der Bretter auf Maß. Die äußeren Bretter und das obere Trennbrett (16 cm lang) können an den Enden schräg mit der Raspel bearbeitet werden (60°). Dann passt alles etwas besser zusammen.

2. Zuschneiden der Rückwand in Dreieckform 43 x 43 x 43 cm. In die Rückwand wird ein Loch von 8 mm Durchmesser zum Aufhängen gebohrt.

3. Verbinden des Rahmens und der inneren Trennwände mit Nägeln, Durchmesser 2, 5 x 50 mm, oder mit Holzschrauben.

4. Aufnageln der Dachpappe auf das Dach. Die Dachpappe wird zurechtgeschnitten und kann mit

Heftzwecken oder kurzen Pappnägeln auf das Dach genagelt werden.

5. Im oberen Teil werden Hobelspäne, Rindenstücke usw. eingefüllt und mit dem Kaninchendraht verschlossen.

6. Die Hohllochziegel auf der Rückseite mit Lehm verschließen, auf die Bambus- oder Schilfstängel auflegen, fertig. Die restlichen Füllungen mit Bambus zustopfen.

7. Kanthölzer auf der Stirnseite mit 3 bis 8 mm Bohrlöchern versehen. Diese müssen 6 bis 8 cm tief sein. Zwischen die beiden 18 cm langen Bretter stecken. Nun ist das Hotel fertig.

SOMMER

Ein grünes Blatt

Ein Blatt aus sommerlichen Tagen,
Ich nahm es so im Wandern mit,
Auf dass es einst mir möge sagen,
Wie laut die Nachtigall geschlagen,
Wie grün der Wald, den ich durchschritt.

THEODOR STORM

Sommerzeit – Ferienzeit – Ausflugszeit

Ganz früh schon kräht der Hahn. Nochmals strecken und dann raus aus dem Bett. Der Blick aus dem Fenster verheißt einen wunderschönen Sonnentag. Rein in die Pantoffeln und runter in die Küche! Heute steht eine Landpartie mit der ganzen Familie auf dem Programm.

Der Picknickkorb steht schon bereit. Getränke, süße oder salzige Snacks sind gepackt. Jetzt noch etwas Frisches aus dem Garten dazu: zarte Erbsenschoten, frische Erdbeeren, knackiger Kohlrabi oder fruchtige Tomaten. Alle reden beim Frühstück durcheinander und wollen wissen, wohin es gehen soll. Doch ein festes Ziel ist nicht nötig. Auf einer großen oder kleinen Rundtour durch die Umgebung entdecken wir die schönsten Plätze. Wählen Sie einfach eine Himmelsrichtung. Rauf aufs Fahrrad und dann geht es hinaus in die Natur!

Dem Himmel entgegen

Der Weg führt durch Felder und Wiesen. Und es ist nicht nur der weite Horizont, der lockt. Das frisch gemähte Heu duftet, die reife Gerste riecht schon nach Brot und über allem spannt sich der blaue Sommerhimmel. Manchmal hört man einen Mäusebussard schreien, der weit oben seine Kreise zieht. Ob er seine Beute schon entdeckt hat? Selbst im Wald ist es warm und goldene Lichtflecken tanzen über Farn und Moos.

Suchen Sie sich für das Picknick ein schattiges Plätzchen: eine Lichtung am Bach, eine Wiese am Waldrand. Picknick auf dem Lande, mitten in der Natur ist wie ein Urlaubstag direkt vor der Haustür. Die Kleinen spielen am Bach und die Großen genießen die Ruhe.

Wenn Sie Ihren Picknickkorb zu Hause lassen wollen, wie wäre es mit einem kulinarischen Ausflug in die Umgebung? Ob Eiscafe oder Biergarten: viele Ausflugslokale oder Landgasthöfe bieten im Sommer lohnende Ziele. Oft seit Generationen im Familienbesitz hat die Küche dieser Gasthäuser meist traditionsreiche Rezepte und lokale Spezialitäten auf der Speisekarte.

Am späten Nachmittag ist es allmählich Zeit für den Heimweg. Aber keine Eile! Lassen Sie ruhig die Kühe vor, die gemächlich zum Melken in den Stall trotten.

EIN BETT IM KORNFELD
Schuhe aus und barfuß übers Stoppelfeld, das ist mancherorts ein jährlich ausgetragener Wettkampf, auch Schäferlauf genannt. Das piekt doch! Oder?

In der Sommerhitze ist Schatten und Abkühlung willkommen. Im Garten, im Wald, am oder auf dem Wasser lässt sich der Sommer wunderbar unter freiem Himmel genießen. Entdecken Sie die schönsten Plätze in Ihrer Gegend. Manchmal sind diese nur ein paar Schritte entfernt und beginnen schon gleich hinterm Gartenzaun!

Pizza-Minis mit Kräutern

Für den Teig

250 g Weizenmehl 550
½ Würfel Hefe
1 Teelöffel Salz
3 Esslöffel Olivenöl
etwa 100–120 ml warmes Wasser

Für die Füllung

1 Esslöffel getrocknete Kräuter: Thymian, Rosmarin
oder eine italienische Mischung
30 g getrocknete Tomaten, klein geschnitten
50 g Parmesan, gerieben
250 g Mozzarella, in Scheiben

1. Einen Hefeteig zubereiten und etwa eine Stunde
gehen lassen, bis sich das Volumen verdoppelt hat.

....

2. Kräuter, Tomaten und Parmesan unterkneten
und den Teig in sechs Portionen teilen. Ofen auf
200 °C vorheizen (Umluft 180 °C). Den Teig zu
Fladen ausrollen und mit den Mozzarellascheiben
belegen. Mit Olivenöl beträufeln und mit etwas
Salz bestreuen. In 20 Minuten goldbraun backen.

....

Dazu schmeckt selbstgemachte Apfel-Trauben-
Limonade mit Mineralwasser.

Ab ins Heu!

Heu ist das winterliche Grundfutter vieler Tierarten, sozusagen ihr täglich Brot. Es sollte so lecker und qualitativ hochwertig wie möglich sein. Jedes Jahr bibbert man, ob das Wetter hält oder nicht. Doch ist das köstlich duftende Heu erst mal eingebracht, kann der Winter kommen.

Während meiner Ausbildung zur Landwirtschaftsgehilfin war die Beurteilung von Heu eine der praktischen Prüfungsaufgaben. In Fachbüchern zur Tierhaltung habe ich nachgelesen, wie gutes Heu sich anzufühlen und wie es zu riechen hat. Gutes Heu knistert bei der Ernte. Der Sommer muss fühlbar sein, wenn man im Winter an diesem Heu schnuppert. »Erster Schnitt, ohne Regen eingefahren«, so steht es in den Annoncen für richtig gutes Heu. Die frischgrüne Farbe und der Geruch nach frischen Kräutern, der sich mit einem Hauch Brotduft mischt, machen selbst Menschen Appetit. Solches Heu kann man bedenkenlos verfüttern. Muffig riechendes, schimmeliges oder staubiges Heu macht dagegen krank.

Der ideale Zeitpunkt

Wer je selbst für die Ernte seines eigenen Heus verantwortlich war, weiß, wie schwierig es im wahren Leben ist, den idealen Zeitpunkt für die Heuernte zu finden. Nach der Schafskälte in der zweiten Junihälfte ist die Witterung oft günstig.

Pferdeheu darf auch noch im Juli geerntet werden, da stängeliges Futter mit einem hohen Rohfasergehalt dem empfindlichen Verdauungsprozess von Pferden entgegenkommt. Ab August sind die Wiesen morgens bereits feucht von Tau und die Trocknung des Mähguts dauert länger.

In manchen Sommern und manchen Gegenden hat man zumindest laut Wetterbericht kaum vier Tage lang die sichere Gewissheit, dass es nicht regnen wird. Für den dritten Tag sind Gewitter vorhergesagt, dann doch wieder erst für den vierten oder fünften, und hat man dann kurz entschlossen gemäht, soll es plötzlich schon am nächsten Tag gewittern. Und am Ende zieht der Regen nicht über

AB IN DIE SCHEUNE
Kleine Ballen, Quaderballen, Rundballen: Ist das Gras erst mal gemäht, getrocknet und gepresst, muss es nur noch in die Scheune. Bei den großen Ballen braucht man einen Traktor zum Aufladen, bei den kleinen sind meist viele fleißige Helfer gefragt.

den Berg, hinter dem die Heuwiese liegt. Ein Schauer gleich nach dem Mähen wird von vielen Landwirten übrigens als positiv empfunden, wenn danach wieder ausreichend windige, heiße und trockene Witterung herrscht.

Kräftige Helfer und eine volle Scheune

Die Heuernte sieht von außen beschaulich aus, ist aber eine gefühlsmäßige Berg- und Talfahrt. Eine stabile Hochwetterlage macht Lust auf ein Picknick zwischen zwei Hängerladungen. Steht das Gewitter dagegen schon drohend am Horizont, krönt man das Ende der Ernte am besten rund um den Küchentisch – mit einer deftigen Suppe für alle Helfer. Das abgeladene Heu ist dann schon unter Dach und Fach und das Scheunentor ist zu. Ein herrliches Gefühl!

Die Arbeitsgänge

Am ersten Tag der Ernte wird gegen Mittag gemäht. Dann ist das Gras auf dem Halm getrocknet. Nach dem Mähen wird es gewendet, also flächig ausgebreitet. Zwei Arbeitsgänge, für die man einen Traktor, ein intaktes Mähwerk und einen Heuwender braucht. Während das Wenden des Heus schnell erklärt ist, braucht man zum Mähen genauso viel Sachverstand und Erfahrung, wie später zum Schwaden und Pressen der Ballen. Doch so weit ist es noch nicht, zunächst einmal sollte das Heu mindestens ein Mal täglich gewendet werden. Bei idealem Heuwetter knistert es bereits nach drei Tagen und ist trocken genug, um ins Schwad gelegt zu werden. Schwadet man rechtzeitig vor dem Pressen, zieht die Sonne die letzte Feuchtigkeit noch aus den luftig aufgehäuften Schwaden.

Wenn man genug Zeit hat und vor allem viele kräftige Helfer, lässt man das Heu in handliche kleine Ballen pressen, die von Hand auf den Anhänger gestakt werden müssen, wenn man keine Ballenschleuder hat. Drängt die Zeit oder steht man allein vor der Heuwiese, bleibt einem wohl nichts anderes übrig, als das Heu zu Rundballen pressen zu lassen, die einem abendlichen Regenguss nach der Ernte trotzen, im Winter aber sperriger und schwieriger zu verfüttern sind. Meiner Erfahrung nach ist die Qualität von trocken geerntetem Rundballenheu genauso hochwertig wie die trocken geernteter kleiner Ballen. Heusilage, die in den letzten Jahren zunehmend verfüttert wird, eignet sich nicht für kleinere Tierbestände, da sie schnell warm wird und schimmelt. Außerdem bringt sie eine Menge an Plastikabfall mit sich.

Frisches Heu arbeitet. Es gärt nach und darf erst nach frühestens acht Wochen verfüttert werden.

EIN STARKES TEAM
Für die Ernte kleiner Heuballen sind neben einer ordentlichen Portion Muskelkraft auch funktionierende Maschinen vonnöten und Leute, die mit ihnen umgehen und voll beladene Hänger um die Kurve fahren können.

Aus dem Vollen schöpfen

Der Sommer verwandelt unsere Gärten in ein Schlaraffenland.
Obst und Gemüse reifen heran und wollen jeden Tag geerntet
werden. Vergessen Sie Einkaufs- und Menüpläne. Das macht die
Natur für Sie. Sie müssen nur noch zugreifen!

E in morgendlicher Gang durch den Garten genügt und Sie haben Ihr Tagesmenü: zum Frühstück frische Erdbeeren, zum Mittagessen knackigen Salat und zum Abend eine leichte Gemüsesuppe mit feinen Möhrchen, Erbsen und eventuell Kohlrabi.

Vielen Pflanzen kann man beim Wachsen zusehen. Was gestern noch eine gelbe Blüte war, ist heute schon eine kleine grüne Frucht, die sich morgen bereits in eine stattliche Gurke verwandelt. Im Sommer ist der Tisch reich gedeckt, und alles, was nicht gleich gegessen wird, wird für den Winter eingemacht: saure Gurken nach altem Familienrezept, Chutneys aus heimischen Früchten, verfeinert mit exotischen Gewürzmischungen, Tomaten pur oder Tomaten gewürzt. Der Sommer füllt die Regale.

Von der Hand in den Mund – der Naschgarten

Die Idee des Naschgartens ist: frisch vom Beet genießen, am besten von der Hand in den Mund. Da sind zunächst die vielen süßen Beeren, die Sie im Vorbeigehen pflücken können. Im Naschgarten findet man aber auch knackiges Gemüse, vorzugsweise in Miniform. Was gehört in den Naschgarten und wie legen Sie ihn am besten an? Es ist nicht schwer, und Ihre Familie und Freunde werden sich über die kleinen und großen Genüsse freuen, die sie am Wegesrand finden werden.

Geschickt angelegt

Der Naschgarten kann ein Beet entlang des Gartenwegs oder die Rabatte am Sitzplatz sein. Je nach Größe gehören einige Trittsteine ins Beet, damit Sie auch bei nassem Wetter naschen können. Als Mittelpunkt der Pflanzung bieten sich Hoch-

ENTDECKERGLÜCK
Für Kinder ist die Ernte eigenen Gemüses immer ein Erlebnis, bei dem es viel Neues zu entdecken gibt. So sehen also die kleinen, orangefarbenen Würfel, die immer auf dem Teller liegen, im Garten aus!

stämmchen von verschiedenen Johannis- oder Stachelbeeren, aber auch kleine Obstbäume an. Sie lassen den niedrigen Pflanzen genügend Raum und Sonne, außerdem können Sie die Früchte gut erreichen. Mit immertragenden Erdbeeren wird das Beerensortiment im Naschgarten vervollständigt. Von Juni bis Oktober liefern sie ständig neue Früchte, nie große Mengen auf einmal, aber immer etwas zum Naschen. Empfehlenswert ist die eher schwachwüchsige Sorte ‚Mara de Bois‘, die den ganzen Sommer aromatische Früchte trägt. Sie stehen gut entlang des Weges in der ersten Reihe.

Herzhaftes

Gleich dahinter fangen die herzhaften Genüsse an. Es beginnt mit den ersten Radieschen im April. Im Abstand von zehn Tagen können Sie bis Mitte Mai kleine Folgesaaten aussäen. Früh dran ist auch Pflücksalat, der bereits im März ausgesät werden kann. So haben Sie immer ein paar Blätter Salat für belegte Brote. Weiter geht es mit Erbsen, sie brauchen etwa 90 Tage von der Aussaat bis zur Ernte, und frühe Sorten kommen Anfang April in die Erde. (Decken Sie die frische Saat ab, sonst picken Vögel die Samen wieder aus dem Boden.) Auch hier sind Folgesaaten bis Mitte Juni möglich, sodass Sie die knackigen Schoten bis in den Herbst hinein genießen können. Mit den runden Karotten ‚Pariser Markt‘ mit ihrem leicht süßlichen Aroma ist das Gemüseangebot im Naschgarten fast vollständig. Sie werden im April ausgesät und sind ab Juli erntereif. Andere Minigemüse kommen erst nach den Eisheiligen ins Freie, sie können jedoch auf der Fensterbank oder im Frühbeet vorgezogen werden. Sie finden sie ab Anfang Mai auch in gut sortierten Gärtnereien: kleinfruchtige Tomaten und Paprika. Sie wachsen als kleine Büsche und können sich dort ausbreiten, wo Pflücksalat und Radieschen geerntet sind.

Je nach Lust, Laune und Geschmack lässt sich so ein kleiner Naschgarten noch ergänzen. Auswahlkriterium ist neben raschem Wachstum und sofortigem Genuss natürlich auch Ihr persönlicher Geschmack.

SCHON REIF?

Kinder lieben den Naschgarten, denn es gibt immer etwas zu entdecken, zu pflücken und zu naschen. Erst reifen die Erdbeeren, dann folgen Johannis- und Himbeeren.

LANGZEIT-ERDBEEREN

Inzwischen gibt es Erdbeersorten, die weit über den Juni hinaus Früchte tragen. Werfen Sie hin und wieder einen Blick auf die Beeren. Hängengebliebenes sollte gepflückt werden, damit es nicht fault und die anderen Beeren damit ansteckt.

Sommerliche Genüsse aus dem Garten

Direkt aus dem Garten frisch auf den Tisch: Das gilt nicht nur für Früchte. Noch bis in den Herbst hinein können Sie Geschmack und Aroma von erntefrischem Gemüse genießen. Pflücken Sie nur vom Beet, was für die sofortige Verwendung in der Küche gebraucht wird. Alles andere darf noch ein wenig wachsen und reifen, bevor es verarbeitet wird und Köstlichkeiten für den Winter liefert.

Zeit für die Ernte

Blattgemüse erntet man am besten am Nachmittag oder Abend, dann ist das Aroma besonders ausgeprägt und der Nitratgehalt am niedrigsten.

Fruchtgemüse wird am Vormittag geerntet. Drücken Sie die Gurken bitte nicht und schneiden Sie sie möglichst früh, denn so werden sie nicht bitter.

Bohnen sollten nur bei trockenem Wetter gepflückt werden. Wenn Sie Möhren aus dem Boden ziehen, sollten Sie das Loch wieder zudrücken, um so manchem Schädling den Zugang zur Wurzel zu erschweren.

Wenn Sie das Gemüse weiterverarbeiten wollen, sollten Sie es am besten bei trockenem Wetter und in einwandfreiem Zustand ernten. Gedrücktes, Fleckiges oder schon Aufgeplatztes und Überreifes ist nur bedingt haltbar. Alles sollte noch am selben Tag weiterverarbeitet werden.

Vom Garten in die Küche

Jedes Gemüse lässt sich einkochen. Die Palette reicht von sauren Gurken über geschälte Tomaten, gern schon gewürzt, bis hin zur Gemüsemischung für den Lieblingseintopf. Betrachten Sie Rezepte für die Einkochzeit, die im Sommer in allen Zeitschriften zu finden sind, immer auch als Anregung für eigene Kreationen. Sie wissen am besten, was Ihrer Familie und Ihren Gästen schmeckt! Und auch die Mitbringsel innerhalb der Nachbarschaft überraschen uns, zudem lassen sich neue Rezeptideen tauschen.

Köstliche Marmeladen und Gelees

Das Aroma von Früchten können Sie am besten in Marmeladen und Gelees erhalten. Die Zubereitung ist einfach. Alles, was Sie brauchen, sind saubere Schraubdeckelgläser, einen großen Topf, eher breit als hoch, und einige saubere Tücher.

Früchte und Zucker

Notwendige Zutaten sind neben den Früchten Zucker für Geschmack und Konservierung sowie Pektin für die Festigkeit. Im Handel ist beides bereits gemischt als Gelierzucker erhältlich. Je nach Geschmack wählen Sie einen Gelierzucker für ein Früchte-Zucker-Verhältnis von 1:1 bis hin zu 3:1. Je mehr Zucker drin ist, desto länger ist die Marmelade haltbar, denn ein hoher Zuckergehalt verhindert Schimmelbildung.

Wer alternative Süßungsmittel benutzen möchte, etwa Agavendicksaft oder Fruchtzucker, greift zu Pektinpulver, das in gut sortierten Lebensmittelgeschäften erhältlich ist; auch hier hat man die Wahl zwischen verschiedenen Früchte-Zucker-Verhältnissen. Beachten Sie auch die Hinweise auf den Verpackungen der verschiedenen Pektinprodukte.

Sauberkeit ist bei der Herstellung oberstes Gebot. Legen Sie die gründlich gewaschenen Gläser und Schraubdeckel vorher noch einmal in kochendes Wasser. Stellen Sie dann die Gläser kopfüber auf ein sauberes Handtuch.

Aufgekocht

Die Früchte werden zusammen mit Zucker und Geliermittel aufgekocht. Für zwei bis vier Minuten unter Rühren sprudelnd kochen lassen; beachten Sie dabei die Herstellerangaben. Von der Kochstelle nehmen, Schaum abschöpfen und die Marmelade heiß in Gläser füllen. Halten Sie ein feuchtes Tuch zum Säubern der Ränder bereit. Je heißer die Marmelade eingefüllt wird, desto besser ist die Haltbarkeit. Verschließen Sie die vollen Gläser sorgfältig und stellen Sie sie für etwa fünf Minuten kopfüber.

Gelierprobe

Geben Sie nach zwei bis vier Minuten Kochzeit einige Tropfen Marmelade auf eine kalte Untertasse. Wenn Sie die Untertasse senkrecht halten, sehen Sie am besten, ob die Marmelade fest genug ist. Beachten Sie, dass die Marmelade im Glas mit der Zeit noch etwas fester wird.

Der abgeschöpfte Schaum ist wegen der darin enthaltenen Luft nicht lange haltbar, aber eine fruchtige Delikatesse auf frischen Brötchen.

Erdbeermarmelade klassisch

Zutaten

1000 g Erdbeeren
1000 g Gelierzucker 1:1
1 Esslöffel Zitronensaft

1. Nehmen Sie nur vollreife Früchte, die einwandfrei sind. Die Erdbeeren werden sorgfältig gewaschen und geputzt, also die grünen Blättchen entfernt. Früchte kleinschneiden und im Topf mit dem Kartoffelstampfer zerdrücken. Gelierzucker unterrühren und schnell zum Kochen bringen, dabei immer wieder umrühren. Für zwei bis vier Minuten unter Rühren sprudelnd kochen lassen, dabei die Herstellerangaben beachten.

....

2. Von der Kochstelle nehmen, Schaum abschöpfen und die Marmelade heiß in Gläser füllen. Je heißer sie eingefüllt wird, desto besser ist die Haltbarkeit. Verschließen Sie die vollen Gläser sorgfältig und stellen Sie sie für etwa fünf Minuten kopfüber.

....

Erdbeer-Rhabarber-Marmelade ist besonders lecker. Dazu benötigen Sie 800 g Erdbeeren, 400 g Rhabarber und Gelierzucker 3 : 1. Erdbeeren und Rhabarber werden geputzt und in kleine Stücke geschnitten. Lassen Sie die Früchte vor dem Kochen zusammen mit dem untergerührten Zucker einige Stunden ziehen und zerdrücken Sie sie etwas mit dem Kartoffelstampfer. Dann geht es weiter wie oben beschrieben.

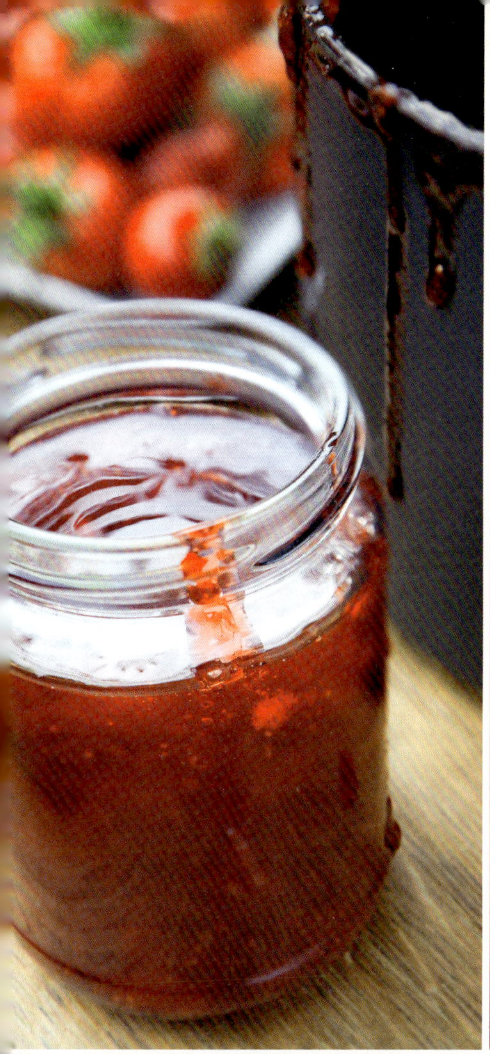
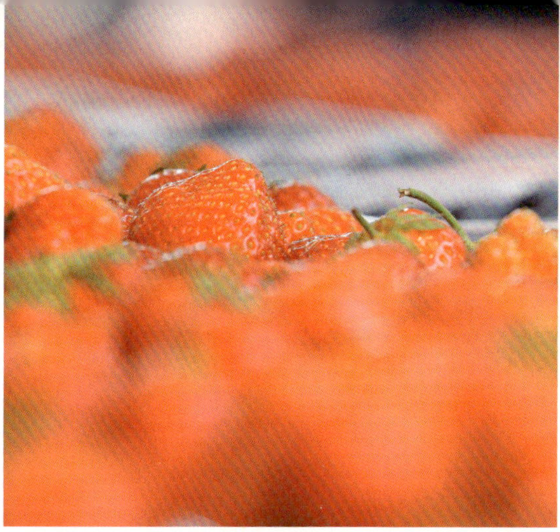
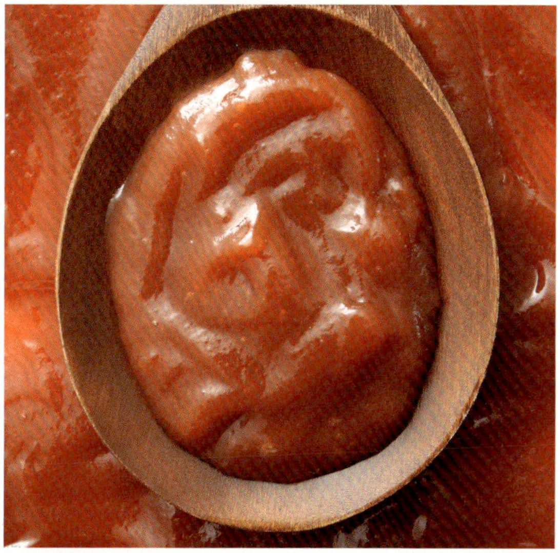
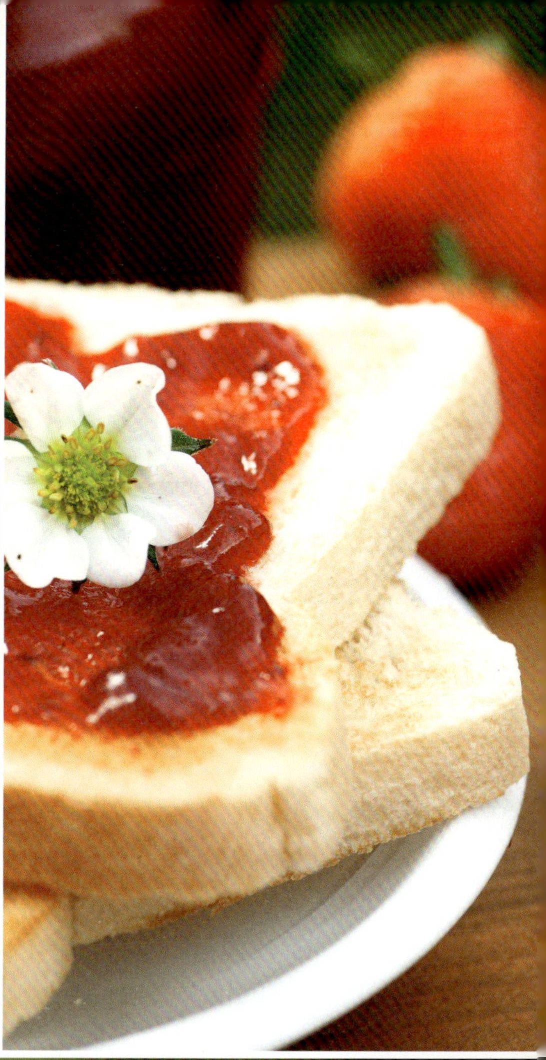
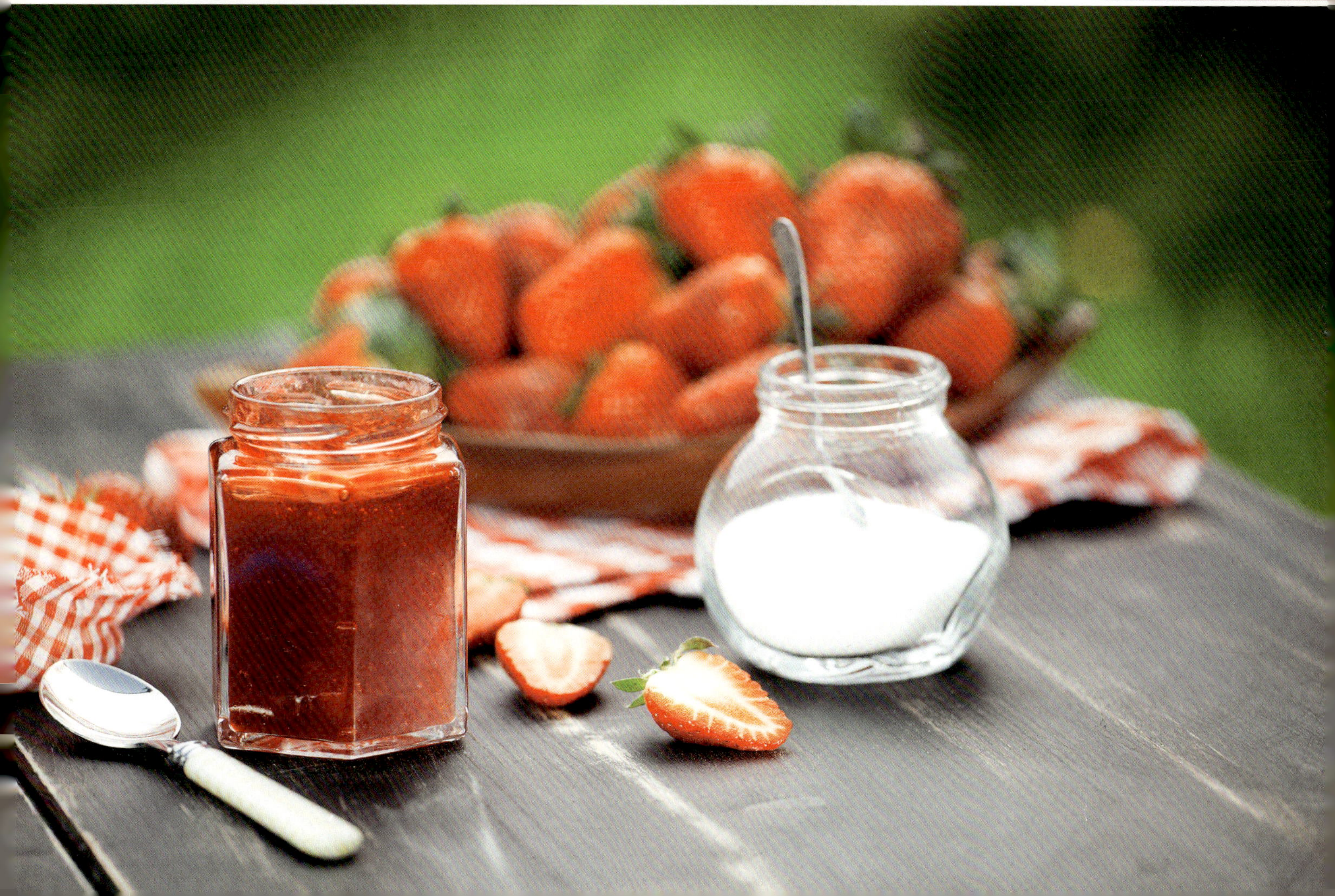

Kräuter im Garten

Wenn der Duft des Sommers über den Garten zieht, tragen die Kräuter nicht unwesentlich dazu bei. Seit dem Mittelalter haben sie sich über Europa und Asien ausgebreitet, sodass oft nicht mehr mit Sicherheit auszumachen ist, wo die einzelnen Arten ursprünglich herkommen.

Ob Sie Ihren Kräutern einen eigenen Bereich im Garten zuweisen möchten oder Sie zwischen anderen Pflanzen wachsen lassen ist eine Frage der Gestaltung. Den Kräutern ist beides recht. Achten Sie nur darauf, dass sie auch bei Regenwetter trockenen Fußes zu erreichen sind, damit Sie immer frische Kräuter für die Küche holen können. Die Nähe des Hauses und ein paar Trittsteine im Beet sind hier hilfreich.

Der richtige Standort

Man sollte die Standortansprüche der verschiedenen Kräuter beachten, sonst entfaltet sich ihre Würze nicht. Sie lassen sich grob in zwei Gruppen einteilen: Diejenigen, die trockene, sonnige Standorte in magerem Boden brauchen, um ihr volles Aroma zu erreichen, und diejenigen, die es eher humos und feucht mögen und auch mit halbschattigen Plätzen vorliebnehmen.

Zur ersten Gruppe gehören Thymian, Majoran, Salbei und Rosmarin, die aus dem Süden zu uns gekommen sind. Sie stehen gut an und auf Trockenmauern, entlang gepflasterter Wege, wo es im Sommer eher trocken ist. Sie dürfen nicht gedüngt werden. Wenn der Boden zu nahrhaft ist, sollte er mit Sand oder Kies abgemagert werden. Auf der Kräuterspirale gehören sie nach oben und auf die Südseite, wo sie ideale Bedingungen vorfinden.

Zur zweiten Gruppe zählen Liebstöckl, Kerbel, Schnittlauch, Petersilie und Estragon, die in Mittel- und Osteuropa beheimatet sind. Sie wachsen auch gern im Gemüsebeet oder bei den Blumen, wo der Boden mit Kompost und Dünger gut versorgt wird. Auf der Kräuterspirale können sie an die Nordseite gesetzt werden oder ganz nach unten, wo es eher feucht ist.

SCHNITTLAUCHBLÜTEN
Sobald der Schnittlauch blüht, werden die Stängel hart und dadurch ungenießbar. Entweder zupft man einzelne Röhrchen zwischen den Blüten heraus oder man schneidet die Blüten zurück.

Nicht nur im Kräuterbeet

So unterschiedlich wie ihr Geschmack ist auch ihr Erscheinungsbild. Einige können gut ins Blumenbeet gesetzt werden, denn ihre zierlichen Blüten und grazilen Blätter sind dort ein schöner Schmuck. Lavendel fühlt sich im Rosenbeet wohl; Thymian und Salbei mögen die trockenen Bereiche am Wegesrand, sie behalten auch im Winter ihre Blätter und können das ganze Jahr frisch geerntet werden. Eberraute und Wermut bilden kleine krautige Büsche und ihr Blattwerk macht sich im Hintergrund blühender Pflanzen gut, auch sie mögen es eher mager. Sie müssen im Herbst radikal zurückgeschnitten werden und treiben im Frühjahr neu aus.

Einige Kräuter sind nicht winterhart. Sie überwintern im Haus oder gut geschützt im Freien, wie der Rosmarin. Andere werden jedes Jahr neu ausgesät, wie Basilikum und Borretsch.

Kräuterernte

Im Sommer, kurz vor der Blüte, haben viele Kräuter ihr volles Aroma entfaltet und können zum Trocknen geschnitten werden. Lavendel, Thymian, Ysop, Rosmarin und Bohnenkraut lassen sich jetzt gut konservieren. Die beste Erntezeit der späte Vormittag an einem sonnigen Tag. In kleinen Bündeln mit Gummiband zusammengehalten, trocknen sie innerhalb von wenigen Tagen. Wählen Sie zum Aufhängen einen schattigen, luftigen Platz aus. Sind die Kräuter trocken, können sie in Gläser gefüllt werden. Dunkel gelagert bewahren sie ihr Aroma.

KRÄUTERSPIRALE

Auf der Kräuterspirale findet jedes Kraut seinen geeigneten Standort. Im oberen Bereich ist es eher trocken und sonnig, auf der Nordseite etwas kühler und im unteren Bereich finden feuchtigkeitsliebende Kräuter ihren Platz.

Eingelegt in Essig und Öl

Einige Kräuter verlieren beim Trocknen viel Aroma. Dazu gehören Estragon, Basilikum und Zitronenmelisse. Ihr guter Geschmack lässt sich am besten in Flüssigkeit konservieren. Estragonessig und Melissengeist sind bekannte Beispiele dafür. Auch in Öl lässt sich das Aroma bewahren. Im Sommer gibt es die Kräuter frisch.

Welches Kraut wofür?

Rosmarin und Lavendel sind klassische Kräuter für ein wohltuendes Bad. Während Lavendel eher beruhigend wirkt, regt Rosmarin Geist und Körper an. Hängen Sie eine Handvoll getrocknete Kräuter in das einlaufende Badewasser. Ein Teefilter eignet sich gut dafür.

Wenn im Herbst und Winter die Erkältungszeit naht, schmeckt ein Tee mit Thymian, Salbei und Ysop. Vermischen Sie die streng schmeckenden Kräuter mit getrockneten Himbeer-, Johannis- oder Brombeerblättern, um den Geschmack etwas zu mildern; auch Minze passt hier gut.

In der Küche zählen Schnittlauch und Petersilie zu den Klassikern, um dem Gericht noch etwas frische Würze zu verleihen. Sie werden nicht mitgekocht und oft erst kurz vor dem Servieren über das Essen gestreut. Die meisten Kräuter werden jedoch mitgekocht und würzen nicht nur, sondern helfen dem Körper, zum Beispiel Fettes besser zu verdauen. Thymian, Salbei und Bohnenkraut seien hier nur stellvertretend für viele andere genannt.

Kräuter haben die Menschen seit Urzeiten begleitet. Was wir heute über ihre Anwendung und Wirkung wissen, haben wir der Neugierde vieler Generationen zu verdanken. Lassen Sie sich auch von Ihrer Neugier leiten, um Speisen und Getränke mit Aromen und Würzkraft zu verfeinern, dem Geschmack und der Gesundheit zuliebe! Mein Tipp: Eine Spur Weinraute ins Hackfleisch!

↓

FRISCH UND WÜRZIG
Kräuter schmecken am besten, wenn sie frisch aus dem Garten kommen. Sie fühlen sich nicht nur im Beet wohl, auch in Töpfen auf der Terrasse oder auf der Fensterbank gedeihen die meisten Würzkräuter gut.

Üppig und farbenfroh – attraktive Sommerblüher

Im Sommer haben die einjährigen Blumen ihren großen Auftritt. Als Schnittblumen im eigenen Beet oder als Lückenfüller und Ergänzung zwischen Stauden öffnen sie, an Ort und Stelle ausgesät, ab Juli ihre Blüten.

V on den zarten Pastelltönen der Duftwicke am Zaun geht es über alle rosa-roten Schattierungen der Cosmeen bis hin zum feurigen Orange der Kapuzinerkresse. Kornblumen vertreten das Blau, und in allen Farben blühen unermüdlich die Zinnien. Aufgelockert wird das Farbenspiel vom Weiß des Steinkrauts. Eine eher unscheinbare Blüte trägt die Reseda. Sie ist vor allem wegen ihres Veilchendufts beliebt, die sie Blumensträußen verleiht. Die stolzeste Sommerblume unter den Einjährigen ist jedoch die Sonnenblume, die ihre Blüte bis zu drei Meter hoch in den Himmel reckt.

Ein bunter Strauß

Über alle Zeiten hinweg haben Blumen den Menschen begleitet. Ein bunter Strauß aus dem Garten begrüßt Besucher in der Diele. Farblich passende Blüten schmücken die Tafel nicht nur an Festtagen. Mit Schnittblumen holen Sie sich ein Stück Garten ins Haus.

Schneiden Sie die Blumen mit einem scharfen Messer, so werden die Stiele nicht gequetscht und die gerade Schnittfläche sorgt für eine bessere Haltbarkeit.

Rosen und sommerblühende Stauden

Strauchrosen, Beetrosen, Kletterrosen, Wild- und Edelrosen. Und die Stauden? Sommerastern in allen Farben, Dahlien und Gladiolen, Phlox und Rittersporn. Keine Blütenfarbe, die es nicht gäbe; jede Wuchshöhe von hand- bis mannshoch ist zu haben. Die Auswahl fällt schwer und in jedem Jahr kommen neue Arten und Sorten hinzu. Hier eine kleine Auswahl von Sommerblühern, die jeder Modeerscheinung trotzen.

DER SONNE ENTGEGEN
Groß und knallig gelb leuchten Sonnenblumen schon von weitem und verkünden den Sommer. Sobald die Blütenblätter abgefallen und die Samen ausgereift sind, kann man die Sonnenblumenkerne ernten oder den Vögeln als Winterfutter überlassen.

Pflanzenporträts

Rittersporn

Die hohe Staude ist etwas anspruchsvoll, erfreut uns aber mit herrlichen Blütenkerzen, die ab Juni in allen Blautönen in den Gärten leuchten. Rittersporn möchte sonnig stehen, liebt aber Schatten am Fuß und verträgt keine Trockenheit. Humoser, nährstoffreicher Boden und jährliche großzügige Kompostgaben, vorzugsweise im Herbst, bekommen ihm gut. Und weil er bei Schnecken beliebt ist, schützt man den Austrieb am besten mit einem Schneckenkragen. Gern belohnt er unsere Mühe mit einer zweiten Blüte, wenn er nach der ersten bis auf 10 cm zurückgeschnitten wird.

Schmuckkörbchen

Die einjährige Sommerblume ist ein unermüdlicher Blüher. Da die Entwicklung vom Keimling zur Blüte eine Weile dauert, ist eine Vorkultur ab Februar empfehlenswert. Das Saatgut gibt es meist in einer Mischung mit verschiedenen Farben. Die Pflanze ist anspruchslos, verträgt auch Trockenheit, wenn sie angewachsen ist, möchte jedoch viel Sonne. In eher mageren Böden ist die Blüte besonders üppig und an geschützten Standorten blüht sie noch bis in den Winter hinein. Mit ihrem fein gefiederten Blattwerk macht sie sich auch in der Vase gut.

Frauenmantel

In fruchtbarer Gartenerde gibt sich Frauenmantel auch mit einem schattigen Standort zufrieden. Die blassgrünen Blätter sind ein schöner Schmuck im Blumenbeet, besonders morgens, wenn sich glitzernde Tautropfen in den runden Blättern sammeln. Die winzigen grün-gelben Blüten bilden schleierartige Blütenstände, die über den Blättern zu schweben scheinen. Jeder Blumenstrauß erhält durch ein paar Blüten vom Frauenmantel eine zierliche Leichtigkeit.

Zinnien

Volle Sonne und nährstoffreicher Boden verhilft der einjährigen Zinnie zu üppiger Blütenpracht. Diese kompakte Pflanze verträgt keinen Frost und darf erst nach den Eisheiligen ins Freie. Die Auswahl an Farben und Blütenformen ist groß, aber meist werden Farbmischungen angeboten. Im Bauerngarten steht sie im Schnittblumenbeet. Will man die Zinnie schneiden, ist der richtige Zeitpunkt entscheidend. Fassen Sie den Stängel weit unten an und wackeln ein wenig, erst wenn die Blüte fest sitzt, darf sie in die Vase.

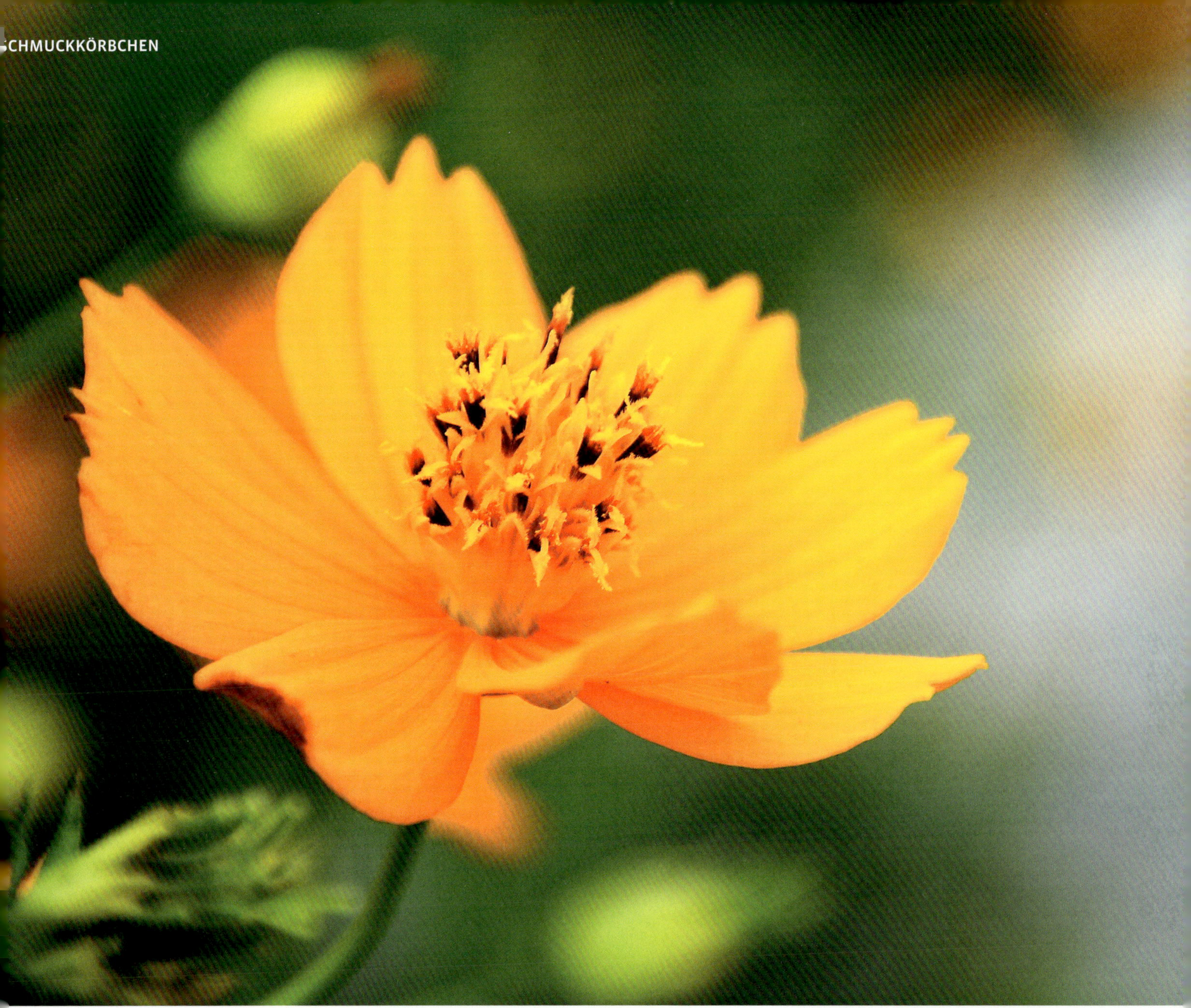
CHMUCKKÖRBCHEN

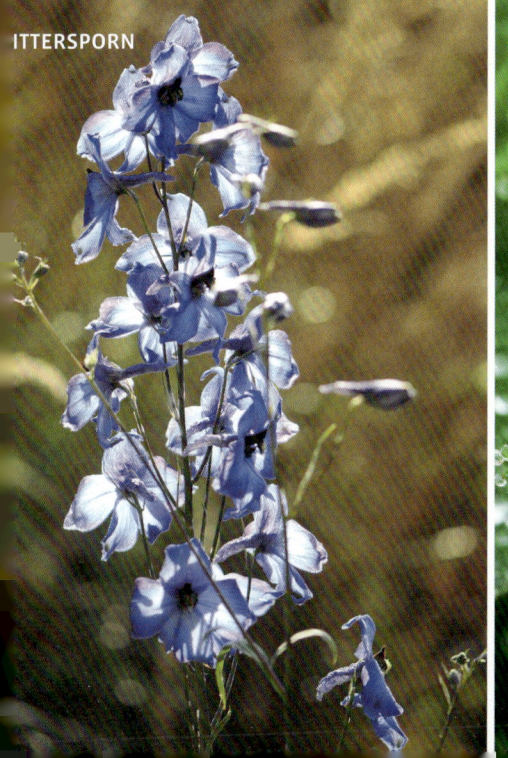

ITTERSPORN

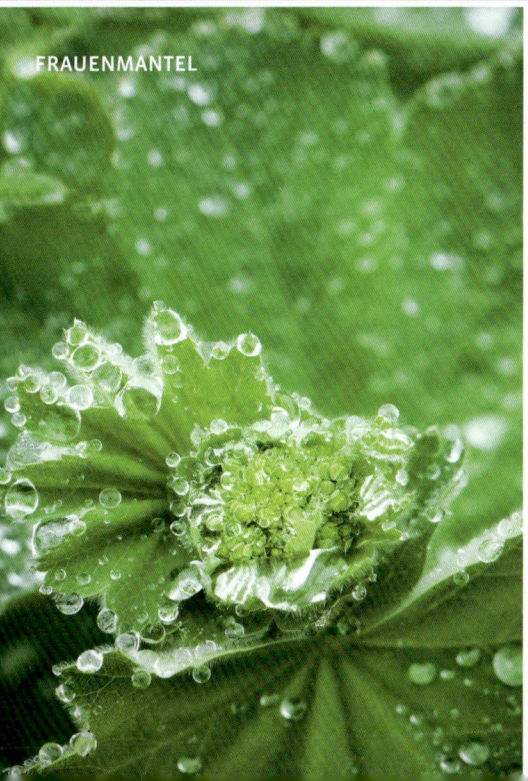

FRAUENMANTEL

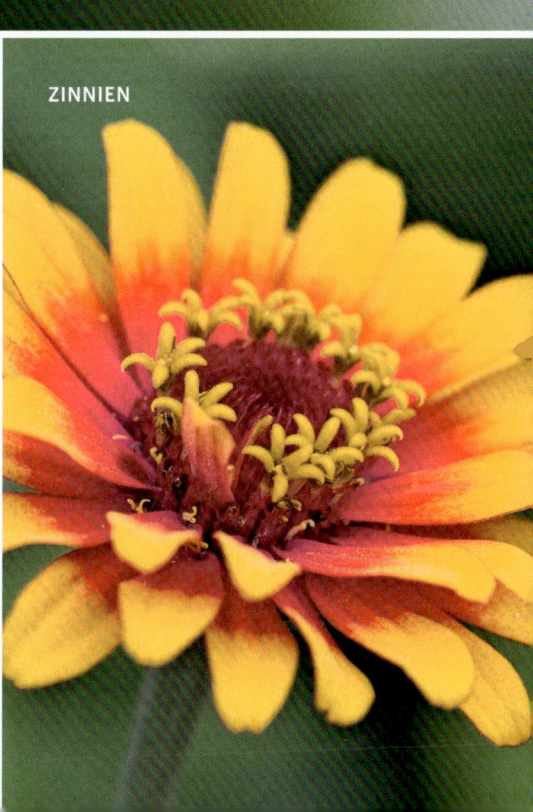

ZINNIEN

Mußestunden im Garten

Eine Sitzecke für warme Abende mit Blick auf den Sonnenuntergang, ein Frühstücksplatz in der Morgensonne, ein Grillplatz für Sommerfeste – Ihr Garten lässt sich auf vielerlei Art genießen und bietet Raum für Mußestunden im Freien.

Natürlich können Sie einen Tisch und einige Stühle auf den Rasen stellen oder eine Bank unter einem Baum platzieren. Dadurch erhalten Sie einen mobilen Sitzplatz, mit dem Sie je nach Anlass, Tageszeit, Sonnenstand oder Ambiente umziehen und verschiedene Teile des Gartens genießen können. Schöner sind jedoch gestaltete Sitzplätze, die mit Wegen oder Trittsteinen verbunden sind, und die den eigenen Vorstellungen Raum bieten.

Der richtige Ort

Ein schön gestalteter Sitzplatz im Garten sollte gut geplant werden, denn anders als ein Zimmer lässt sich der Garten nicht leicht umräumen. Bevor Sie sich festlegen, sollten Sie ruhig erst einmal einige Wochen mit Ihren Gartenmöbeln im Garten herum vagabundieren und die schönsten Ecken entdecken.

Erlaubt es die Größe des Gartens, können Sie sich auch mehrere Orte der Muße gönnen. Ein großzügiger, gepflasterter Sitzplatz, eingefasst mit einer niedrigen Trockenmauer eignet sich für Gartenfeste mit vielen Gästen. Ein lauschiger Ort hinter Hecken, geschützt vor allen Blicken, für ungestörte Stunden im Grünen, an dem eine Bank oder ein Liegestuhl zum Verweilen einlädt. Ein Gartenpavillon, an dem sich Rosen oder Efeu ranken und der auch bei Regen ein trockenes Plätzchen im Freien bietet.

Egal, wie Sie sich entscheiden, ob der Sitzplatz am Teich, in der Sonne oder im Schatten liegt, er sollte auf jeden Fall windgeschützt sein. Denn nichts ist lästiger als flatternde Buchseiten oder abhebende Tischdecken.

LAUSCHIGE ECKEN
Ein Nickerchen, ein Buch oder ein Glas Wein? Wo ließe sich der Sommer besser genießen als im eigenen Garten; allein oder zusammen mit Freunden? Schöne Orte für Sitzplätze gibt es auch in Ihrem Garten für viele Gelegenheiten.

WO ES AM SCHÖNSTEN IST
Am Lieblingssitzplatz ist der richtige Ort für kleine Schätze, die man gern um sich hat, aber manchmal muss man seinen Lieblingsplatz auch mit anderen Mitbewohnern teilen.

Bienen

»Wenn die Biene verschwindet, hat der Mensch nur noch vier Jahre zu leben. Keine Bienen mehr, keine Bestäubung mehr, keine Pflanzen mehr, keine Tiere mehr, keine Menschen mehr.«

ALBERT EINSTEIN

Alle Haustiere haben die Gabe, uns zu verändern, sobald wir eine Beziehung zu ihnen eingehen. Plötzlich nimmt man die verschlungenen Pfade von Kaninchen und Hühnern wahr wie eine parallele Welt. Auch der Blickwinkel von Imkern wird durch die Arbeit mit ihren Bienen ein anderer. Der Bien, wie viele Imker ihre jeweils 20 000 bis 60 000 Bienen umfassenden Völker nennen, scheint seinen menschlichen Betreuer sogar besonders nachhaltig zu verändern.

Fast wie ein eigener Organismus

Der Bien reagiert als Ganzes wie ein einziger Organismus und ist in seinen Bewegungen oder Aktionen einzigartig eng mit seiner Umgebung, dem Wetter, der Vegetation und allen anderen Einflüssen verbunden. Beim Menschen stärkt der Umgang mit Bienen die Beobachtungsgabe und das Eingebundensein in die Natur. Wenn die Buschwindröschen im frühen Frühjahr zu blühen beginnen, wenn im späten Frühjahr die Bienen eines kräftigen Volkes nicht mehr so emsig auf Trachtsuche fliegen oder wenn nach einer Frostperiode plötzlich milde Wintertemperaturen herrschen, werden Imker aus ganz unterschiedlichen Gründen unruhig. Ehemalige Löwenzahnwiesen, die zu Ackerland umgebrochen werden, Lindenalleen, die einer Straßenverbreiterung weichen müssen, späte Nachtfröste, die die Obstbaumblüte stören, bekümmern nicht nur Insekten, die auf eine möglichst große Vielfalt an Blüten angewiesen sind. Auch die Imker fühlen mit ihren Bienen und merken vielleicht schon gar nicht mehr, wie sie im Lauf eines Jahres die unterschiedlichsten Gegebenheiten in ihrer Umgebung oder im Bienenstock deuten. Genau hinsehen, das lernt man als Imker. Sie sind ja so klein, die Königinnen, Prinzessinnen, die Drohnen, Arbeiterbienen und … die Milben.

BLÜTE ALS SNACKBAR
Als Imker lernen Sie mit der Zeit, die unterschiedlichen Trachtpflanzen im Hinblick auf ihre Bedeutung als Nektar- und Pollenspender einzuordnen. Löwenzahn z. B. spendet von April bis Juni reichlich Pollen und Nektar.

Wollen Sie imkern?

Zum Imkern brauchen Sie gar keine eigene Wiese. Ein Bereich im Garten, in dem Sie Ihre Bienenstöcke abstellen können, genügt nach Absprache mit den Nachbarn vollkommen. Normalerweise wird Ihr Nachbar hocherfreut sein, denn Bienen steigern den Ertrag seiner Obstbäume und -sträucher. Klären Sie außerdem ab, ob Sie gegen Bienenstiche allergisch sind!

Eine Bienenhaltung muss beim Kreisveterinäramt angemeldet werden. Bevor Sie jedoch munter losimkern, suchen Sie sich einen Imker Ihres Vertrauens, der Sie bei auftauchenden Fragen berät und bei dem Sie zunächst einmal einen Jahreskreislauf mit Bienen miterleben dürfen. Die meisten erfahrenen Imker sind sehr hilfsbereit und freuen sich, Neulinge einweisen zu dürfen.

Imkern im Jahreslauf

Der Winter

Den Winter haben die Bienen in einer Traube zusammenhängend im Stock überstanden. Als Futter diente ihnen dabei der Honig, den sie den Sommer über gesammelt hatten – oder die Zuckerlösung, die der Imker ihnen als Ersatz für den Honig angeboten hat. Im Inneren der Traube, dort, wo auch die Königin sitzt, wird Futter aufgenommen und an alle Bienen verteilt. Außen sitzen die Bienen dicht an dicht, um warm zu bleiben, und zwischen diesen beiden Schichten sitzen die »Heizungsbienen«, die mit den Flügeln schwirren, um Wärme zu erzeugen. Umschichtig tauschen die Bienen ihre Plätze und überstehen so in rätselhafter Kommunikation selbst kälteste Winter.

Früher Frühling und Frühling

An milden Tagen mit nahezu zweistelligen Temperaturen fliegen die Bienen zum Reinigungsflug nach draußen und leeren ihre Kotblase. Schon die allerersten Blüten von Weide und Haselnuss locken sie ins Freie. Im Inneren der Beute, wie die künstliche Behausung von Bienen genannt wird, beginnt das Bienenvolk zeitgleich mit dem Brutgeschäft.

Der meiste Pollen wird gesammelt, wenn der Frühling voll im Gang ist und die Bienen eine große Auswahl an Trachtpflanzen haben. Obstbäume, Flieder, Heckenrosen, Magnolien, aber auch Klee und Löwenzahn bieten nun jede Menge Blütennektar. Tag für Tag fliegen Honigbienen viele Kilometer von der Bienenwohnung zur Blüte und wieder zurück.

FLEISSIGE BIENEN
Ein Kreislauf vom ersten »Bienenbrot« an der Salweide über die Honigernte zum Honig – hier wurde eine Menge Flugzeit und bienenspezifisches Organisationstalent investiert. Honig ist wirklich eine Kostbarkeit!

Später Frühling oder Frühsommer: die Honigernte

Zur Honigernte, die meist zur Zeit der Holunderblüte im Spätfrühling oder Frühsommer stattfindet, werden die Bienen von den gefüllten und weitgehend mit Wachs verdeckelten Waben abgeklopft und mit einer Gänsefeder abgekehrt. Schleuderreifer Honig hat einen Wassergehalt von höchstens 18 Prozent, bei höherem Wassergehalt besteht die Gefahr, dass er gärt.

Verständlicherweise sind Bienen nicht begeistert, wenn ihr Honig geplündert wird. Sie versuchen, ihn, wenn möglich, zurückzuerobern. Um dies zu verhindern, sind verschiedene Vorsichtsmaßnahmen angebracht. Man entnimmt die Waben erst einige Tage nach dem Ende einer Tracht, frühmorgens oder abends kurz vor der Dämmerung, sperrt die Bienen vielleicht auch mittels einer Bienenflucht aus und arbeitet schnell, sauber und rationell – und hinter verschlossenen Türen.

Bevor der Honig im Glas landet, werden die Honigwaben entdeckelt und geschleudert. Aus der Schleuder fließt der Honig durch ein Sieb in einen Eimer. Dort wird er noch einmal abgeschäumt und gerührt, bevor er schließlich abgefüllt werden kann. Auch Wachs, Pollen und Propolis können geerntet werden – in Absprache mit den Bienen, die beispielsweise auf Pollen als Nahrungsquelle nicht verzichten können.

Im Spätsommer

Im Laufe des Julis kann die Sommertracht geerntet werden. Viele Imker stehen jedoch nach der ersten Ernte vor dem Problem, dass es in ihrer Umgebung nicht genug Trachtpflanzen gibt. Die Blüten von Edelkastanie, Linde, Phacelia, Sonnenblume, Heide oder aber Tanne sind neben Himbeeren, Brombeeren und Wildkräutern die Anflugziele für die Sommertracht.

Der Herbst

Die Bienen werden an den Winterstandort gebracht, gegen Krankheiten behandelt und für den Winter mit Zuckerlösung »eingefüttert«. Im November werden die Bienen noch einmal gegen die Varroamilbe behandelt. Danach haben die Imker bis zum März wenig Arbeit mit ihren Völkern.

Vom Baumstumpf übers Magazin zur Kiste

Bienenwohnungen haben eine lange Tradition. Schon zu Zeiten, als die Bienen noch in hohlen Bäumen wohnten, gab es Honigdiebe – Bären, Steinzeitmenschen, ab dem Mittelalter aber auch Zeidler, wie die Imker damals hießen. Später kamen geflochtene Strohkörbe zum Einsatz, die mit Lehm beschmiert und auf diese Weise sehr stabil waren. Einige wenige Imker betreiben auch heute ausschließlich die traditionelle Korbimkerei. Bienen hatten früher eine wichtige Bedeutung. Sie lieferten Honig als einziges Süßungsmittel, Wachs als Grundlage zur Beleuchtung und Heilmittel wie Honig, Bienenpollen oder Propolis.

↑

HOME, SWEET HOME
Stapelbare Bienenwohnungen aus Holz – in der Imkersprache Magazine oder auch Beuten genannt – sind lange haltbar. Im Inneren finden sich die Rähmchen mit den Waben der Bienen.

EINFLUGSCHNEISE
Von erfahrenen Imkern lernen Sie, die Vorgänge am Flugloch zu deuten, um zum Beispiel bei Milbenbefall schnell reagieren zu können.

Bienenhäuser waren ab dem 18. Jahrhundert sehr populär und haben sich in einigen Gebieten bis heute gehalten. Unter Dach haben die Imker hier viele Beuten gestapelt. Verschiedenfarbige Anflugbretter dienen den Bienen zur Orientierung.

Magazinbeuten, also stapelbare Kisten aus Holz oder Styropor, waren die platz- und kostensparende Weiterentwicklung von Bienenhäusern. Sie sind in ihren verschiedenen Varianten heute am weitesten verbreitet.

In den letzten Jahren wurde von erfahrenen Imkern die Bienenkiste als Alternative zur traditionellen Magazinbeute entwickelt. Bienenhaltung in der Bienenkiste ist bienenfreundlich, preisgünstig und mit rund 12 Arbeitsstunden pro Jahr und Kiste wenig arbeitsintensiv.

Honig als Heilmittel

Honig ist kostbar, auch wenn wir dies im scheinbaren Überfluss unserer Zeit aus den Augen verloren haben. Doch Honig ist nicht gleich Honig. Unabhängig davon, wie die unterschiedlichen Verarbeitungsmöglichkeiten die Qualität des Honigs beeinflussen, so sind es doch vor allem die Trachtpflanzen der Bienen, deren Pollen oder Nektar die heilende Wirkung und den Geschmack einer Honigsorte bestimmen. So wirkt Kleehonig beruhigend, Heidehonig blutreinigend und harntreibend, Linden- und Sonnenblumenhonig kann gut bei Erkältungen eingesetzt werden und Löwenzahnhonig unterstützt Leber und Galle. Alle Honige wirken innerlich angewendet antibakteriell und entzündungshemmend, äußerlich angewendet hautpflegend und wundheilend.

Pferde und Esel

Eine paar Pferde, die genüsslich kauend im hohen Gras stehen, über die Weide galoppieren oder mit angewinkeltem Hinterbein unter einem Baum dösen, sind der Inbegriff ländlicher Idylle. Sicher bietet die Koppel vielen Pferden ein Zuhause über den Sommer.

D och wie sollte die Koppel beschaffen sein und worauf ist zu achten? Je nach Bodenbeschaffenheit, Düngung, Wasserversorgung und Klima gibt es fette Weiden oder magere, feuchte, trockene oder sogar moorige. Aus diesen Komponenten ergibt sich auch, was und wie viel auf der Wiese wächst und wie viele Tiere auf ihr satt werden.

Nicht sehr beliebt

Pferde sind bei den Landwirten als Weidetiere nicht sehr beliebt. Sie verdichten den Boden, fressen Gräser und Pflanzen bis zur Wurzel ab und legen ausufernde Kotplätze an, von denen sie nicht fressen und auf denen sich stumpfer Ampfer oder Brennnesseln ausbreiten. Bei beschränkter Weidefläche ist es daher ratsam, Pferdeäpfel abzusammeln. Eine meditative, häufig aber auch lästige Arbeit.

Um eine Überweidung zu verhindern, ist es hilfreich, wenn man mehrere Flächen zur Verfügung hat oder eine große Fläche unterteilt. Während die Pferde eine Parzelle abgrasen, können sich die anderen Stücke wieder erholen.

Vom späten Herbst bis zum frühen Frühjahr brauchen Pferde eine Winterkoppel oder einen ausreichend großen Auslauf, um sich ausgiebig in allen Gangarten bewegen zu können, ohne der empfindlichen Grasnarbe zu schaden.

Vom Kaltblüter bis zum Shetlandpony

Pferde, Ponys und Esel haben sehr unterschiedliche Lebensansprüche. Die robusten Shetlandponys brauchen ebenso wie Exmoor, Haflinger oder Fjordponys einen stabilen, wind- und regengeschützten Unterstand, der es ihnen ermöglicht, sich auf trockenem Untergrund hinzulegen. Unbegrenzter Zugang zur Weidefläche

PFERDEPARADIES
Große Wiesen mit üppigem Grün bieten im Idealfall reichlich Bewegungsanreize und Nährstoffe für heranwachsende Fohlen und ihre Mütter. So eine Weide will sorgfältig gepflegt werden.

kann tödlich für robuste Rassen sein. Ihr Stoffwechsel ist auf karge Bodenverhältnisse eingerichtet. Bei zu üppigem Nahrungsangebot verfetten die Tiere und bekommen die unter Robustponyhaltern gefürchtete Hufrehe. Diese schmerzhafte Krankheit führt zu Lahmheit und einem veränderten Stoffwechsel. Sie hat schon viele Ponyleben gekostet. Nur im Winter dürfen Ponys rund um die Uhr aufs Gras, wenn genügend Weidefläche vorhanden ist.

Die großen dicken Kaltblüter können, genau wie Traber oder Vollblüter und ihre warmblütigen Kollegen vom Bayern bis zum Holsteiner, rund um die Uhr grasen, freuen sich bei ungemütlicher Witterung jedoch durchaus, wenn sie nachts aufgestallt werden. Esel hingegen sind ein Zwischending. Ursprünglich aus felsigem Bergland kommend, brauchen sie karges Futter und dürfen nur stundenweise auf Gras, sind aber auch wetterempfindlich und schätzen den trockenen Stall. Ihr Fell schützt sie nicht vor Dauerregen und ihre Hufe vertragen keinen dauernassen Untergrund.

Die Fütterung

Das täglich Brot der Pferde sind frisches Gras im Sommer und gutes Heu im Winter. Gutes Heu ist trocken, grün und staubarm, es duftet nahrhaft nach Kräutertee und Brot. Roggenstroh dient nur als Einstreu im Stall, während Weizen- und Haferstroh auch gern gefressen werden. Die Verdauung von Pferden, Ponys und Eseln ist auf Dauerfressen programmiert. Ihr Magen ist winzig, ihr Darm unübersichtlich lang und gewunden. Fresspausen, die länger als sechs Stunden dauern, bekommen ihnen nicht. Auch Robustpferde, die sich im Frühjahr, Sommer und Herbst während grasabstinenter Zeiten auf einem Sandauslauf tummeln müssen, brauchen etwas zum Kauen. Heu vom Vorjahr, Stroh oder frische Weiden-, Birken-, Obstbaumzweige und -äste oder abgesenste Brennnesseln halten die Verdauung in Gang. Karotten und Futterrüben, auch Rote Bete, werden gern gefressen.

WEICHE PFERDENASEN
Pony oder Pferd? Während die Kleinen bei zu üppiger Fütterung schnell fett und krank werden, vertragen Pferde eine Menge Futter. Mit den Tasthaaren am Maul sortieren sie ihr Futter vorab – Karotten werden aber so gut wie nie aussortiert.

↑

KLEIN UND CLEVER

Esel und Ponys sind über Jahrhunderte an magere Böden angepasst. Ihre Futterzufuhr zu begrenzen, ist leider lebensnotwendig. Den Umgang mit diesen klugen und anhänglichen Tieren dürfen sich auch Einsteiger zutrauen, wenn sie erfahrenen Unterstützung haben.

Hafer & Co

Der sprichwörtliche Hafer oder das Pferdemüsli darf beim Robustpony knapp ausfallen, es sei denn, das Pony erbringt Höchstleistungen. Im Sommer reicht zusätzlich zu Gras und Raufutter ein Mineralleckstein. Im Winter bekommt es täglich eine Handvoll Müsli, ein paar Futtermöhren und etwas Mineralfutter. Warmblüter haben etwas höhere Ansprüche. Pferdemüsli oder Hafer werden beim Warmblüter in zwei Portionen morgens und abends, am besten nach der Heufütterung, gegeben und ebenfalls durch Karotten ergänzt. Spätabends kann noch einmal Heu gefüttert werden.

Die Pflege

Zur Pferdepflege gehört das tägliche Putzen, die Hufpflege und die Kontrolle des Gesundheitszustandes. Ein gesundes Pferd bewegt sich gern, hat glänzendes Fell und ist gut bemuskelt, lebhaft und an seiner Umgebung interessiert, was sich auch im Ohrenspiel und Augenausdruck zeigt. Seine wohlgeformten Pferdeäpfel zeugen von guter Verdauung.

Alle sechs bis acht Wochen müssen die Hufe von Pony, Pferd oder Esel vom Schmied bearbeitet werden. Viele Tiere laufen ohne Hufeisen, einige sind aber zu empfindlich, um »barfuß« zu gehen. Viermal im Jahr brauchen die Tiere eine Wurmkur, einmal im Jahr sollten die Zähne kontrolliert und gegebenenfalls korrigiert werden. Zahnbehandlungen werden von Pferdedentisten oder spezialisierten Tierärzten übernommen. Über Impfintervalle informiert Sie der Tierarzt.

Der Stall

Mit etwas Glück lässt sich ein bereits vorhandener Stall für die Pony- oder Pferde-haltung nutzen. Ponys vertragen sich meist gut miteinander und sind oft in einer einzigen großen Laufbox glücklicher als in Einzelappartements. Pferde bevorzugen unter Umständen die Einzelunterbringung, da sie ziemlich ruppig werden können, wenn sie sich von Artgenossen bedrängt fühlen. Ideal ist es, wenn Sie die Möglich-keit haben, die Tiere zum Füttern von Kraftfutter voneinander zu trennen und ihnen ansonsten freien Zugang zum Stall zu gewähren. So können sie den Stall aufsuchen und verlassen, wann immer sie wollen.

Leben in der Herde

»Der Braune ist ja gemein!« – Unsere Vorstellungen von höflicher Zurückhaltung am Kaffeetisch sind für Pferde nicht bindend. Jedenfalls nicht, wenn Platz und Futter begrenzt sind. Normalerweise reagiert das Fluchttier Pferd mit Wegrennen auf Bedrohung oder Stress. In der Enge manches Hauspferdealltags ist es dem Pferd jedoch nicht möglich, auszuweichen. Angebundensein, Festgehaltenwerden, Hän-gerfahrten oder das Zusammenleben auf engem Raum, dies alles kann großen Stress für das Fluchttier Pferd bedeuten. Da wir unseren Ponys und Pferden nicht endlos Ställe, Paddocks und Wiesen zur Verfügung stellen können, ist es häufig am praktikabelsten, die vorhandene Fläche durch Sichtschutz oder Zäune so zu unterteilen, dass geschützte Dösplätze für alle entstehen. Raufutter sollte eben-falls an unterschiedlichen Stellen liegen, sodass sich jeder bedienen kann, nicht nur der Chef.

DÖSEN, RAUFEN, WÄLZEN
Pferde, Ponys und Esel sind Bewegungstiere und wollen in der Herde leben. Begrenzt man ihr Bewegungsbedürf-nis durch vielstündige Stall-haltung oder hält sie allein, leiden sie. Also ab auf die Weide mit den Huftieren!

Was tun mit Pferd und Esel?

↑

ZWEI, DIE SICH VERSTEHEN
Kinder können viel Zeit
damit verbringen, ihr Pony
zu putzen oder Zöpfe zu
flechten. Einfach nur beim
Pferd zu sein, es in seiner
Freizeit zu beobachten oder
mit ihm über die Wiese zu
schlendern, ist auch für
Erwachsene entspannend.

Über die vielen Aspekte der vielen Möglichkeiten, mit Pferden, Ponys und Eseln
etwas zu unternehmen, sind Bücher geschrieben und Filme gedreht worden.
Kutschfahrten, Reittraining, Wanderritte, Zirkuskunststücke und die Frage der
planvollen Zucht werden dort einsteigergerecht erörtert. Ein Buch kann jedoch
einen erfahrenen Menschen nicht ersetzen. Im Umgang mit Pferden kommt es
immer wieder zu Situationen, in denen schnelles Handeln erforderlich ist.

Wer keine Pferdeerfahrung hat, sollte sich lieber nicht zutrauen, ein junges Tier
auszubilden, weder als Reit- noch als Fahrpferd oder -pony. Dies gilt auch für Shetlandponys, so klein, gutmütig und klug sie auch sind. Junge Esel bringen mit ihrer
Neigung, bei Unsicherheit stehen zu bleiben, während ihrer Lehrjahre selbst
gestandene Pferdeleute zum Schwitzen! Die Ausbildung von Jungtieren gehört in
erfahrene, tierfreundliche Hände.

Rat und Tat

Guter Rat ist auch bei der Fütterung, Hufbearbeitung, bei Impfungen, Wurmkuren
und merkwürdigen Verhaltensweisen Ihrer Vierbeiner gefragt. Wenn Sie Ihre Esel,
Ponys oder Pferde vom ambitionierten Züchter gekauft haben, ist dieser vielleicht
eine gute Anlaufstelle für kompetente Ratschläge.

Lassen Sie sich beim Kauf eines Pferdes oder Esels von Fachleuten Ihres Vertrauens beraten. Pferdeverkäufer, und damit sind nicht nur Händler, sondern
auch Privatpersonen gemeint, stehen dem zweifelhaften Ehrenkodex mancher
Gebrauchtwagenhändler in nichts nach. Auktionen sind eine gute Möglichkeit,
um Tiere zu erwerben, die gründlich untersucht wurden. Seriöse Gestüte sind
ebenfalls eine gute Wahl. Neben jungen Tieren vom Fohlen bis zum Dreijährigen
können Sie hier vielleicht auch altgediente Zuchtstuten erwerben, deren Töchter
bereits in der Zucht sind.

HERBST

Dies ist ein Herbsttag, wie ich keinen sah!
Die Luft ist still, als atmete man kaum,
Und dennoch fallen raschelnd, fern und nah,
Die schönsten Früchte ab von jedem Baum.

O stört sie nicht, die Feier der Natur!
Dies ist die Lese, die sie selber hält,
Denn heute löst sich von den Zweigen nur,
Was von dem milden Strahl der Sonne fällt.

CHRISTIAN FRIEDRICH HEBBEL

Laubrascheln und Nebelschleier

Üppige warme Fülle und klirrend klare Kälte, dazwischen Nebel, Regen und Sturm ... Erntedank, Laternelaufen und Totensonntag ... das ist der Herbst. Eine Jahreszeit der warmen Freude und Dankbarkeit, aber auch der Trauer über den zu Ende gegangenen Sommer.

Sonnenstrahlen leuchten durch orangegoldenes Laub. Frühmorgendliche Spinnennetze hängen voller Tau. Sturmböen rütteln die letzten rotbackigen Äpfel von den Bäumen. Dann wieder stille, klare Tage, die mit einem Nebelschleier beginnen. Erst unmerklich, später rasanter wird das klare Herbstlicht von der Dämmerung begrenzt, und an manchen Regentagen im November scheint es gar nicht richtig hell zu werden. Die ersten Frostnächte lassen das Laub von den Bäumen regnen.

Die jungen Störche, die Schwalben und Kiebitze haben schon lange das Nest verlassen und sind zusammen mit ihren Eltern in den Süden gezogen. Gänse und Kraniche kehren aud ihren nordischen Sommerquartieren zurück und machen Rast bei uns, bevor es weitergeht. Die meisten anderen Jungtiere sind nun in der Lage, sich selbst zu versorgen.

Vorräte, Bratäpfel und Geselligkeit

Die Scheune ist seit dem Spätsommer randvoll mit duftendem Heu und Stroh, und auch Kellerregale und Tiefkühltruhen zeugen von der großzügigen Freigiebigkeit der Natur, von reichen und mageren Ernten und vom Geschick der Menschen. Der Ofen wird zum ersten Mal angeheizt. Hund oder Katze werden wieder häuslicher und finden alte oder neue Schlafstellen im Warmen. Strickzeug, Kerzen und erste Bratäpfel erobern sich ihre Plätze zurück.

Zwar dampft die Erde noch von der Wärme des Sommers, doch Mensch und Tier ziehen sich besser schon warm an und beginnen, es sich für den Winter gemütlich zu machen. Langsam füllen sich nun auch die Ställe, zumindest über Nacht.

←⋯⋯⋯⋯⋯⋯⋯⋯⋯⋯⋯

MAGISCHES LICHT
So kühl und klar die frühen und späten Stunden der herbstlichen Tage auch sein können, es gibt doch dieses warme, rötliche Licht, das sich in Gräsern, Blättern, Äpfeln und Herbstblumen wiederfindet.

Die Hühner gehen früher zu Bett, Schafe und Pferde verlassen die Sommerweide, und den Gänsen und Enten schwant nichts Gutes!

Da man die Nachbarn seltener draußen trifft als im Frühjahr und im Sommer, lädt man sie zum Tee, zum Punsch oder zum Grog ein. Doppelkopf-, Skat- oder Schachspieler werden wieder aktiver, Volkshochschulkurse, Landfrauenvereine, Kirchenchöre und andere gesellige Runden wirken im Herbst meist viel einladender als im Frühling. Nach dem Erntedankfest wird der Herbst schnell dunkler, und die Bäume strecken ihre scherenschnittartigen Zweige in den kühlen Himmel.

URGEMÜTLICH

Während es draußen dunkel und kalt ist und der Sturm um die Hausecken fegt, gibt es kaum etwas gemütlicheres als ein Feuer im Kamin. Schnell Holz geholt und aufgeschichtet! Sobald es brennt, versammeln sich alle Hausbewohner.

Heizen mit Holz

Mit Holz zu heizen verheißt wohlige Wärme und Behaglichkeit. Dabei kommen die unterschiedlichsten Ofentypen zum Einsatz. Bei manchen sieht man das Feuer, bei anderen nicht. In einigen großen Bauernküchen gibt es noch die alten, fest eingebauten Öfen mit ihren Ofenringen, auf denen gekocht wurde, mit denen aber auch gebacken und Wasser im Wasserschiff erhitzt werden konnte. Die kleinere Küchenhexe war nicht fest eingebaut, funktionierte aber nach dem gleichen Prinzip.

Am günstigsten sind die neuzeitlichen dänischen Kaminöfen, deren schwarzes Gusseisen außen so heiß wird, dass man auf ihnen Tee kochen oder die Kanne auf einem Metalluntersetzer warm halten kann. Ein angeheizter dänischer Ofen heizt schnell und bedingungslos. Da braucht man schon einen entsprechend großen Raum, um die Wärme auch wirklich genießen zu können. Speicheröfen wie die gemütlichen Grundöfen mit individuell angepassten Specksteinaufbauten, Kachelöfen oder Kaminöfen, die an die Zentralheizung angeschlossen werden, heizen dagegen das ganze Haus auf ökonomische und energetisch sinnvolle Weise. Sie verbrennen ihr Futter langsam und halten die Wärme lange, brauchen allerdings auch eine Weile, bis sie warm werden.

Beim Heizen ist man an die Heizungsanlagenverordnung gebunden, die zukünftig auch Rußfilter für neue Öfen vorsehen wird. Ofenbauer, die den Ofen setzen, beraten Sie kompetent. Holz gilt als erneuerbare Energie, die CO_2-neutral heizt, da sie das CO_2, das sie an die Atmosphäre abgibt, vorher gespeichert hat.

Holzernte

Im Winter, wenn es auf den Höfen beschaulicher zugeht, stehen Waldarbeiten und Knickpflege auf dem Programm. Bei beiden Tätigkeiten freut man sich auf ein warmes Mittagessen! Und bei beiden fällt eine Menge Brennholz an. Harthölzer wie Eiche, Esche oder Buche verbrennen langsam und geben gute Wärme. Birke und Ulme haben ebenfalls einen relativ hohen Brennwert. Nadelhölzer, Weide und Pappel verbrennen dagegen schnell und sind weniger begehrt. Nach dem Fällen der Bäume werden die Stämme mit der Kettensäge von Ästen befreit und zerkleinert, mit der Kreissäge auf eine ofengerechte Länge gekürzt und am Ende entweder mit dem Holzspalter gespalten oder mit der Axt gehackt. Bis auf das Holzhacken sind die einzelnen Schritte der Holzernte mit erheblichen Gefahren und der Anschaffung professioneller maschineller Ausrüstung verbunden. Sie sollten nur nach entsprechender Schulung und Erfahrung selbst ausgeführt werden. Wer kleine Mengen an Holz verheizt, wird das Hacken sicher gern übernehmen. Braucht man dagegen mehr als drei Festmeter Holzvorrat, wird die Brennholzverarbeitung zur zeitaufwendigen und kräftezehrenden Angelegenheit. Die Aussicht, dass man sein Hartholz bereits ofengerecht gespalten geliefert bekommt, erwärmt schon im Voraus das Herz! Das fachgerechte Stapeln kann man ja noch selbst erledigen.

ZEIT FÜREINANDER

Nun werden Geschichten erzählt, Socken gestrickt, Bücher gelesen oder Spiele gespielt. Ein Glas Rotwein oder eine heiße Schokolade runden den gemütlichen Kaminabend ab.

1

2

3

Schritt für Schritt

Holzhacken

 1. Zum Holzmachen brauchen Sie eine Motorsäge mit Schutzausrüstung, eine Axt, einen Keil und einen Hauklotz. Die Axt sollte gut in Ihrer Hand liegen. Je länger ihr Stiel ist, desto mehr Kraft liegt im Axthieb; je länger der Hebel ist, desto ungenauer wird man aber auch.

....

2. Zuerst wird der Stamm in kürzere Abschnitte zersägt, die Sie in Scheite hacken können.

....

3. Danach werden die Holzteile auf den Hackklotz gestellt. Der Hauklotz sollte stabil stehen und nicht kippeln. Er sollte weder zu hoch sein, damit Sie ordentlich zuhauen können, noch zu niedrig, um Ihren Rücken zu schonen. Stellen Sie sich breitbeinig hinter den Hauklotz, holen aus und lassen die Axt auf das zu spaltende Holz niedersausen. Steckt die Axt schon tief im Holz, das sich aber einfach nicht spalten lassen will, ziehen Sie sie wieder heraus und spalten Sie am besten mit einem Spaltkeil.

....

4. Holz sollte mindestens zwei Jahre lagern, bevor es verbrannt wird, damit es trocken genug ist. Dafür werden die Holzscheite mit dem Schubkarren zum Holzschuppen gefahren und aufgestapelt.

....

Der Garten – zwischen Sonne und Nebel

Morgens liegt der Nebel in den Senken und zwischen den Gräsern sieht man die Gespinste von Nornen und Elfen. Die Luft ist klar und kühl. Man spürt auch im Garten, dass der Sommer seinem Ende zugeht. Nach und nach verwandelt sich das Grün der Bäume und macht kräftigen Herbstfarben Platz.

Im Garten stehen jetzt die letzten Ernten an und die Beete wollen für den Winter vorbereitet werden. Damit uns der Abschied vom Sommer nicht so schwerfällt, hat die Natur einige der farbenprächtigsten Blüten für den Herbst aufgehoben. Selbst wenn die Bäume schon kahl sind und der Himmel grau, leuchten die Blüten der Herbst- und Winterastern in kräftigen Farben. Von Weiß über Rosa und Blau bis hin zu Tiefrot und Kupferfarben reicht die Farbpalette, und auch in der Form der Blüten zeigen sich Astern vielseitig. Von schlicht mit gelber Mitte und einfachem Farbkranz bis hin zu gefüllten Blüten finden Sie alle Formen. Astern wachsen buschig und sehen schon im Beet oder im Kasten wie prall gebundene Blumensträuße aus. In der Vase erfreuen sie uns mit langer Haltbarkeit. Obwohl oft nur die Winteraster als Chrysantheme angeboten wird, gehören zu dieser Gattung auch alle anderen Astern, Wucherblumen und Margeriten.

Blumen mit Tradition

Schon über 2 000 Jahre haben sich die Blumenzüchter mit dieser Gattung beschäftigt. Erste Züchtungen gab es in China, und seit dem 18. Jahrhundert fand sie auch in Europa weite Verbreitung. Chrysanthemen gehören zu den beliebtesten Blühern in unseren Gärten. Die Pflanze ist leicht zufriedenzustellen. Sie steht in der Sonne genauso gern wie im Schatten und braucht wenig Dünger. Sie nimmt mit jedem Boden vorlieb, lediglich sehr schwere Böden und Staunässe mag sie nicht.

Für alle Zwecke findet sich die richtige Sorte. Astern gibt es als einjährige Arten, die bei uns als Balkon- und Kübelpflanzen angeboten werden, und als mehrjährige Staude für den Garten. Ob als niedrige Polsterstaude oder als langstielige Blume für die Vase, bei den Astern werden Sie bestimmt fündig.

KUNTERBUNTE ASTERN
Seit mehr als 2 000 Jahren beschäftigen sich Blumenzüchter mit Chrysanthemen. Die Vielfalt der Sorten gibt Kunde von der langen Gartentradition dieser Gattung, die im 18. Jahrhundert von China aus Europa eroberte.

Leckeres aus dem Obstgarten

Mit einer wohl durchdachten Sortenvielfalt können Sie das ganze
Jahr frisches Obst aus dem eigenen Garten genießen. Hier eine
kleine Auswahl der beliebtesten Obstarten für den Garten.

Apfel

Der Apfelbaum spielt in der Kulturgeschichte von
Anfang an eine große Rolle. Jede Landschaft hat ihre
lokalen Sorten hervorgebracht und keine Obstart
kann an die Sortenvielfalt des Apfels heranreichen.
Bei den Äpfeln beginnt die Ernte bereits im Juli bis
August mit den Kläräpfeln. Die spätesten Sorten
können noch bis November am Baum bleiben und
vertragen sogar leichte Fröste. Diese späten Sorten
sind es auch, die, gut gelagert, den Speiseplan bis in
den Mai hinein bereichern. Äpfel brauchen zur
Befruchtung nicht nur Bienen, sondern meist auch
eine andere Apfelsorte in der Nähe. Lassen Sie sich
von der Baumschule beraten, welche Sorten gut
zusammenpassen, und schauen Sie sich auch in
der Nachbarschaft um.

Birne

Birnen schmecken am besten frisch. Es gibt aber auch
spezielle Sorten für die Lagerung oder für die Küche.
Die festen kleinen Kochbirnen gehören zu Bohnen
und Speck, und die Sorte Williams Christ liefert die
Früchte für die berühmte »Birne Helene«. Sie gehört
zu den aromatischsten Früchten. Auch bei den
Birnen fängt die Ernte je nach Sorte bereits im Spätsommer an. Lassen Sie sich von der Baumschule
beraten, welche Sorten in Ihrer Gegend am besten
gedeihen: Hier ist ebenfalls eine andere Sorte in der
Nähe für die Befruchtung notwendig.

Pflaumen und Zwetschen

Pflaumen, Renekloden, Zwetschen und Mirabellen
sind nahe verwandt. Sowohl dunkle als auch gelbe
und rote Sorten sind erhältlich. Die eher länglichen
Früchte des Zwetschenbaums reifen nur auf dem
Baum, was die Ernte erleichtert: Man schüttelt den
Baum und sammelt auf, was hinuntergefallen ist.
Was oben bleibt, ist noch nicht reif. Das feste
Fruchtfleisch übersteht den Fall gut, die Früchte
sollten allerdings innerhalb der nächsten zwei Tage
verarbeitet werden. Auch für die Mirabellenernte
ist diese Methode bestens geeignet.

Kirsche

Von der Hand in den Mund und den Kern im weiten
Bogen ausspucken – und das am besten um die
Wette. So genießen vor allem Kinder die Süßkirschen
am liebsten. Juli und August ist Erntezeit für die
Früchte, deren Sorten von Gelb über Orange und
Rot bis hin zu fast Schwarz am Baum leuchten.
Gut beraten ist man mit kleinen Bäumen, denn die
Vögel fallen regelrecht über die Kirschen her, sobald
sich die ersten Früchte färben. Kleinkronige Bäume
lassen sich dann leicht mit einem Vogelschutznetz
abdecken. Für die Küche eignen sich Sauerkirschen
besser als Süßkirschen, denn sie sind aromatischer
Dafür schmecken sie frisch nicht so gut. Ihr herber
Geschmack ist auch bei den Vögeln nicht so beliebt,
sodass der Vogelschutz entfallen kann.

APFEL

IRNE

PFLAUMEN UND ZWETSCHEN

KIRSCHE

Der Lagerraum für Obst und Gemüse

Von uns Gärtnern wird ein letztes Mal in diesem Jahr voller Einsatz gefordert, denn nun gilt es, die Früchte unserer Mühen für den Winter zu bewahren.

Der richtige Lagerraum für Obst und Gemüse garantiert lange Haltbarkeit. Kühl, aber frostfrei soll er sein. Ideal sind Temperaturen um die 4 °C und eine Luftfeuchtigkeit von 80 bis 90 %. Obst und Gemüse werden getrennt aufbewahrt, so vermeidet man Geschmacksbeeinträchtigungen.

Der Lagerraum für Obst soll ebenerdig gelegen sein, ruhig auch höher. Gemüse darf auch in den Keller. Der Raum sollte gut zu belüften, jedoch nicht zugig sein.

Ist der Raum zu feucht, können mit einigen Kilo Salz gefüllte, flache Behälter helfen. Das feuchte Salz kann getrocknet und erneut benutzt werden.

In gut isolierten Häusern ist ein ausreichend feuchter Lagerraum schwer zu finden. Weichen Sie dann in den Garten aus. Das leer stehende Gewächshaus oder ein Frühbeet ist als Gemüselager geeignet und anders als eine Erdmiete auch bei Schnee und Frost zugänglich. Heben Sie eine ausreichend tiefe Grube für die Lagerkisten im Gewächshaus oder Frühbeet aus. Getrennt nach Sorten werden die gefüllten Kisten in der Erde versenkt und dick mit Stroh bedeckt. Als Schutz vor Mäusen gehört ein Deckel oder ein Rahmen aus feinem Maschendraht auf die Kisten.

AB IN DEN KELLER
Lagersorten werden erst spät im Jahr reif. Sie sind etwas fester, weniger zart als die frühen Sorten. Lagerkartoffeln zeigen ihre Reife durch Absterben des Laubes an. Möhren bleiben so lange draußen, wie es das Wetter erlaubt.

Obsternte und Lagerung

Im Herbst ist die Haupterntezeit für Obst. Birnen und Äpfel werden jetzt reif. Je nach Sorte beginnt die Ernte bereits im August und endet im späten November mit den Lagersorten. Beeilen Sie sich nicht zu sehr mit der Ernte der Früchte. Jeder zusätzliche Sonnentag kommt dem Aroma zugute. Früchte zum baldigen Gebrauch können Sie jederzeit pflücken. Für das Lager oder zum Trocknen wählen Sie für die Ernte möglichst einen trockenen Tag am späten Vormittag. Gehen Sie behutsam mit den Früchten um. Gedrücktes oder beschädigtes Obst hält sich nur einige Tage und gehört nicht ins Lager.

Flach ausgebreitet in Kisten, nach Möglichkeit auf Farnkraut gebettet, hält sich Obst am besten. Kontrollieren Sie die Früchte regelmäßig. Verdorbenes muss sofort aussortiert werden, damit sich die anderen Früchte nicht anstecken.

Gemüseernte und Lagerung

Je besser das Gemüse ausgereift ist, desto länger hält es sich. Warten Sie mit der Ernte der späten Sorten von Kohl und Möhren bis zu den ersten leichten Nachtfrösten. Aber Achtung! Im gefrorenen Zustand darf das Gemüse nicht geerntet werden. Warten Sie lieber bis zum Mittag, wenn es wieder wärmer ist.

Das Lagergemüse muss trocken sein, aber ungewaschen. Entfernen Sie anhaftende Erde mit einer trockenen Bürste, das reicht. Ob im Erdkeller, in einem Kellerraum, im Gewächshaus oder im Schuppen, lagern Sie Ihr Gemüse getrennt vom Obst. Einiges hält sich in mit leicht feuchtem Sand gefüllten Kisten am besten. Dazu gehören Möhren, Sellerie und anderes Wurzelgemüse. Füllen Sie eine Handbreit Sand ein, legen Sie eine Schicht Gemüse hinein, sodass es sich nicht berührt. Füllen Sie mit Sand auf, bis alles bedeckt ist. Nun kommt die nächste Schicht Gemüse und so weiter, bis die Kiste voll ist.

Schneiden Sie den Kopfkohl am besten ebenerdig ab und entfernen Sie alle losen Blätter. Nun können Sie die Köpfe gut am langen Strunk aufhängen oder in flache Kisten legen und die Strünke mit Sand bedecken.

DIE GANZ GROSSEN
Der Herbst gehört den Großen unter den Gemüsearten: Kürbis, Kopfkohl, auch Sellerieknollen und Wintersalate brauchen Zeit um zu voller Größe zu wachsen.

Der winterfeste Garten

Bis Mitte November muss der Garten winterfest sein, dann gibt es oft die ersten starken Fröste. Die meisten Einjährigen sterben durch den Frost ab. Sie werden ausgerissen und wandern auf den Kompost.

Die ein oder andere Pflanze im Staudenbeet braucht einen Winterschutz. Da sind zuallererst die Rosen zu nennen. Damit kein Frost in die Triebe eindringt, sollten diese auf etwa 10 cm zurückgeschnitten werden. Winterschutz braucht die Rose bis zur Veredelungsstelle, die etwa eine Handbreit über dem Boden liegt und an einer deutlichen Verdickung zu erkennen ist. Laub, Stroh oder Rindenmulch sind zum Abdecken geeignet. Auch frisch gepflanzte Stauden brauchen eine lockere Abdeckung aus Laub oder Reisig, um vor der austrocknenden Sonne geschützt zu sein.

Zurückschneiden, ausgraben und bewässern

Wer mag, schneidet die krautigen Stauden erst im Frühjahr. So bieten ihre Samenstände den Vögeln Futter bis weit in den Winter hinein, und zwischen den abgestorbenen Trieben finden viele Käfer und andere Insekten Schutz vor dem Frost. Graben Sie Gladiolen und Dahlien spätestens Ende Oktober aus. Gesäubert und an einem frostfreien, trockenen Ort aufbewahrt, überstehen sie den Winter problemlos. Geteilt werden sie erst im Frühjahr.

Achten Sie auch im Winter auf ausreichende Bodenfeuchtigkeit. Vieles, was man im Frühjahr für erfroren hält, weil es braun und leblos aussieht, ist vertrocknet. Bevor die Frostperiode beginnt, sollte man deshalb den Boden bei trockenem Wetter noch einmal gründlich wässern und dafür sorgen, dass die Pflanzen möglichst wenig austrocknen können. Das erreicht man mit einer schützenden Abdeckung aus Laub, Rindenmulch oder Ähnlichem.

BUNTER BLÄTTERREGEN
Beim Laubfegen scheiden sich die Geister. Die einen sehen es als lästige Pflicht, die anderen genießen die meditative Wirkung dieser Arbeit und freuen sich schon darauf. Für Kinder wiederum sind die zusammengekehrten Laubhaufen einfach nur ein Riesenspaß.

Im Nutzgarten

Im Gemüsegarten sind die späten Lagersorten von Kohl und Möhren abgeerntet. Lockern Sie den Boden noch einmal. Bis zum Frühjahr bleibt er Wind und Wetter ausgesetzt. Düngen Sie nicht im Herbst. Niederschläge oder Tauwasser würden die Nährstoffe nur ungenutzt in tiefere Bodenschichten spülen, dadurch wären sie im Frühjahr unerreichbar für die jungen Wurzeln.

Was an Gemüse draußen bleibt, ist frosthart und braucht nur bei strengen Kahlfrösten etwas Schutz.

Kübelpflanzen warm einpacken

Kübelpflanzen wandern über Winter ins kühle Treppenhaus oder in einen hellen, kühlen Kellerraum. Sparsam gegossen und ohne Dünger überstehen sie den Winter gut. Geschnitten werden sie erst im Frühjahr.

Ist im Haus kein Platz, können Kübelpflanzen auch im Freien an windgeschützten und schattigen Plätzen überwintern. Bevor es ins Winterlager geht, bitte noch einmal gießen. Geben Sie Ihren Kübelpflanzen in trockenen Wintern an frostfreien Tagen noch ein- bis zweimal Wasser.

Der Wurzelballen bekommt Frostschutz durch um die Töpfe gewickelte Strohmatten oder spezieller Schutzfolie. Zusätzlich werden Zwischenräume noch mit trockenem Laub ausgestopft. Auch Zweige oder zumindest der Stamm müssen mit umwickelt werden.

↓

....

WINTERSICHER EINGEPACKT
In trockenem Torf-Sand-Gemisch sind ausgegrabene Knollenpflanzen im Winterlager gut aufgehoben. Was zu groß ist für einen Umzug ins Haus wird an Ort und Stelle warm eingepackt, um es vor Frost zu schützen.

Aromatische Früchte vom Wegesrand

Man findet allerlei Leckeres in der Natur, was später in Gläser und Flaschen gefüllt die Regale schmückt oder als persönliches Mitbringsel jeden Gastgeber erfreut. Ob als Marmelade, Gelee, Saft oder Likör, im Winter ist das kräftige Aroma der wilden Früchte beliebt.

Schwarzer Holunder

Eröffnet wird die Obsternte am Wegesrand vom Schwarzen Holunder. Je nach Standort und Wetter finden Sie die ersten reifen Dolden ab August. Nachdem die Dolden abgeschnitten sind, sollte man schnell nach Hause und gleich in die Küche gehen. denn Holunderbeeren müssen rasch verarbeitet werden. Brauchbar sind nur die reifen schwarzen Beeren, alles, was noch grün oder rot ist, muss aussortiert werden. Waschen Sie die Dolden behutsam, aber gründlich. Streifen Sie die Beeren mit den Fingern ab, auch wenn die schwarzen Früchte stark färben, nicht nur die Finger.

Aus einem Kilo Beeren lässt sich etwa ein drei viertel Liter Saft gewinnen, der dann weiterverarbeitet werden kann. Purer Holundersaft hat ein eher strenges Aroma und ist nicht jedermanns Sache. Gern können einige Apfelschnitze mit in den Entsafter gegeben werden oder Gewürze wie Vanille, Bittermandel und Zimt. Heiß getrunken ist der Saft in Erkältungszeiten ein wahrer Gesundbrunnen. Aber auch Likör oder Gelee sind echte Schätze.

Köstliche Schlehen

Einige Tage nach dem ersten Frost können Sie sich an die Schlehenernte machen. Warten Sie aber nicht zu lange, denn sobald der Schlehenstrauch, bedingt durch den Frost, die Gerbstoffe aus den Früchten holt, sind sie auch bei Vögeln sehr beliebt. Schlehen dürfen ruhig etwas schrumpelig sein, jedoch nicht angefault oder gar schimmelig. Für die Saftgewinnung ist ein Dampfentsafter sinnvoll. So bleiben die Kerne weitgehend unversehrt. Der Saft kann gleich weiterverarbeitet werden. Am liebsten zu Likör.

VOM HOLLERBUSCH
Auch für den eigenen Garten ist der Schwarze Holunder ein schönes Gehölz. Im Frühjahr verbreiten die blühenden Dolden süßen Duft und jetzt im Herbst sind die schwarzen Beeren reif für die Ernte.

Holunderlikör

Zutaten

1 l Holundersaft aus dem Dampfentsafter
1 Vanilleschote
400 g weißer Kandis
0,35 l Rum (54 % Alkohol)

1. Saft mit dem Zucker und dem Mark der Vanilleschote unter Rühren aufkochen. Der Zucker muss vollständig gelöst sein. Abkühlen lassen und den Rum unterrühren.

....

2. In Flaschen abfüllen und für mindestens 4 Wochen kühl lagern. Je länger, desto besser. Auch andere Säfte können so zubereitet werden.
Je nach Geschmack kann auch Zitronenschale oder Zimt mitgekocht oder nach dem Kochen Bittermandel-aroma zugegeben werden.

Hunde und Katzen

Bis in die 1950er-Jahre hinein wurden auf dem Lande nach dem Melken vielerorts die großen Hofhunde der Bauern vor einen kleinen Milchwagen gespannt, mit dem die Milch zweimal am Tag zur örtlichen Meierei geliefert wurde.

....

Vor der Meierei bekamen sich die wartenden Hunde je nach Stimmung und Gemütslage häufig in die Haare, und wer nicht schnell genug zurück war, musste seinen umgekippten Milchwagen wieder zurechtrücken. Der Milchwagenhund war ein kräftiger und schwerer Zughund undefinierbarer Rasse, ein Arbeitshund der Bauern, der auch den Hof bewachte. Meist gab es noch einen zweiten, kleineren Hund auf dem Hof, der etwas beweglicher war und die Ratten in Schach hielt. Die Hunde schliefen im Stall oder im Zwinger, bis ins Haus schafften es die wenigsten von ihnen.

Dorfköter

Noch am Ende des letzten Jahrhunderts liefen in den Dörfern die sprichwörtlichen Dorfköter Tag für Tag ihre Runde ab, steckten die Nase ins Gras und erschnüffelten sich die neuesten Neuigkeiten. Meine erste eigene Hündin war durch und durch Dorfköter. Sie trug den Namen eines kleinen niedersächsischen Dorfes und die Dorfköterei lag ihr bereits über mehrere Generationen im Blut. Frühmorgens vor dem Melken öffnete ich ihr die Tür nach draußen, denn sie schlief selbstverständlich in der warmen Küche. Nach knapp zwanzig Minuten erschien sie pünktlich von ihrer Runde zurück und erwartete ihr Frühstück, ein wenig frische Milch in einer Untertasse.

Heutzutage Hund

Heutzutage hätten sie es schwer auf dem Land. Echte Dorfköter sind inzwischen selten geworden. Denn auch in den Dörfern gibt es Durchgangsverkehr, gepflegte Vorgärten und Bürger, die sich vor Hunden fürchten. Herumstromernde Hunde

DER FREUND AN IHRER SEITE
Auch bei Landbewohnern sind Jack Russell Terier derzeit sehr beliebt. Sie sind kluge, liebenswerte und pflegeleichte Hunde, die allerdings zu eigenständigen Unternehmungen neigen, und mitunter gern kläffen.

sind für mich zwar immer noch ein wunderbar heiterer und entspannender Anblick, doch die meisten Landbewohner finden inzwischen, dass Hunde an die Leine gehören und auf geregelten Spaziergängen wohlerzogen und treu zu ihren Menschen aufblicken müssen. Waren es früher neben den Mischlingen vor allem die Spitze und Rattenbeißer, die auf den Höfen lebten, so findet man dieser Tage viele Border Collies und andere Hütehundrassen. Bei entsprechendem Training sind diese Tiere wunderbare Arbeitspartner, die mühelos 200 Schafe sortieren oder 80 Kühe zum Stall treiben. Wer sich nicht die Mühe machen möchte, die hochintelligenten Tiere geistig und körperlich auszulasten, sollte allerdings die Finger von Arbeitshunden lassen. Genau wie Jagdhunde sind sie auf ihre speziellen Fähigkeiten gezüchtet und suchen sich ihre Arbeit selbst, wenn ihr Mensch ihnen keine verschafft.

Hundebesitzer untereinander

Hundebesitzer sind auch auf dem Land eine stets gesprächsbereite Spezies, die noch im schlimmsten Herbststurm auf den Alleen hin und her wandert, damit der pelzige Freund sich löst. Hundefreunde lernen sich aber nicht nur in sturmdurchwehten Alleen, sondern auch in der Welpenspielgruppe, der Hundeschule, auf der Hundewiese oder am Hundestrand kennen. Stundenlang können sie sich über die Vorteile der Frischfleischfütterung, der Fährtensuche oder des Clickertrainings unterhalten. Ein Spaziergang ohne Hund erscheint ihnen sinnlos, ein Fernsehabend ohne ehrlich schnarchenden Vierbeiner nur halb so gemütlich.

ELDORADO FÜR HUNDE
Das großzügige Platzangebot auf dem Land kommt vielen Hundefreunden entgegen. Stundenlange Spaziergänge mit immer neuen Geruchserlebnissen sind hier wirklich kein Problem. Der zeitgemäße Landhund ist gut erzogen.

Landkatzen

Auch die Rattenbeißer früherer Zeiten, meist Terrier oder Pinscher, sind auf den Höfen selten geworden. Katzen haben ihre Arbeit übernommen, unterstützt von katzensicher ausgelegtem Rattengift. Dorfkatzen suchen sich ihre Besitzer und mit etwas Glück werden auch Sie von solch einer wunderbaren Katze adoptiert und auf Schritt und Tritt verfolgt. Ihr Eigenleben ist ihnen zwar durchaus wichtig, in Bezug auf den Menschen sind Katzen jedoch ebenso treu und anhänglich wie Hunde. Die Katze, von der Sie adoptiert wurden, braucht außer Ihrer Zuwendung auch Impfungen, Wurmkuren, Flohschutz und regelmäßiges Futter.

Auch wenn es leider allzu oft anders gehandhabt wird, lassen Sie Ihre Katze kastrieren. Häufig werden die Kastrationen vom örtlichen Tierschutzverein bezuschusst. Sie verhindern viel unnötiges Leid, wenn Ihre Katze nicht zwei Mal im Jahr neue Dorfkatzen zur Welt bringt! Und falls Sie doch nicht adoptiert wurden, wird sich sicher irgendwo ein passender junger oder älterer Stubentiger finden, der tagsüber zusammengerollt in der Küche liegt und auf seine eigene Weise für die wohlige Wärme aller Zwei- und Vierbeiner sorgt.

Landtierarzt und Ausbilder von Border Collies

Dr. Hans Jürgen Werbke führt seit über zwanzig Jahren eine ländliche Tierarztpraxis. Schon als Junge wollte er Tierarzt werden und hat seither selten bereut, dass sich dieser Wunsch erfüllt hat. Privat hält Familie Werbke über hundert Heidschnucken, die mit tatkräftiger Unterstützung durch die vier Border Collies gehütet werden.

D amit das Familienleben nicht leidet, gab es in der Gemeinschaftspraxis von Anfang an klar geregelte Arbeitszeiten. »Wir haben kurze Anfahrtswege und eine gute Lösung für unsere Dienstzeiten. Damit kann auch die Familie leben.« Nebenbei hält Hans Jürgen Werbke Schafe und bildet Border Collies aus. Werbke behandelt sämtliche Tierarten, die häufigste Patientengruppe der Praxis sind jedoch Rinder. Ob Robustrind oder Hochleistungskuh, im Stall oder auf der Weide, bei hochsommerlichen oder arktischen Temperaturen, Werbke hilft den Tieren auf die Beine, wann und wo er kann. Seine Familie nimmt daran regen Anteil. »Schon mit fünf Jahren interessierte sich unser Sohn dafür, ob eine Kuh mit Milchfieber noch stand oder ob sie schon lag. Wenn sie schon lag, ließ er nicht locker, bis ich sofort zur Kuh fuhr. Und ich bin mit mir und der Welt zufrieden, wenn ich sonntags bei Sonnenaufgang und frühmorgendlichem Vogelgezwitscher einen Kaiserschnitt bei einer Kuh mache und einem gesunden Kalb auf die Welt helfen kann.«

Border Collies als Herausforderung

SCHAFE HÜTEN
Angeregt durch die Schwierigkeiten beim Hüten, die seine erste Hündin Meggie machte, entwickelte Dr. Hans Jürgen Werbke ein eigenes Trainingssystem für Border Collies, das neben solidem Sachverstand auf Freude und Geduld basiert.

Als Werbkes erster Hütehund einzog, besaß er bereits hundert Schafe und hatte damit beste Voraussetzungen, seinen Border Collie auslasten zu können. »Meggie hatte beim Hüten die unangenehme Angewohnheit, die Schafe nicht nur zu zwicken, sondern gleich richtig zu beißen. Ich hatte wenig Erfahrung mit Border Collies und suchte professionelle Hilfe, um Meggie umzutrainieren.«
Schon mit seinen Jagdhunden hatte Werbke einen weicheren, hundegerechten Ausbildungsweg gesucht, der nicht auf Druck und Einschüchterung basierte.

Trainingsphilosophie

Ein irischer Trainer sprach ihn darauf an, dass er eine Trainingsphilosophie brauche, um sich über seine Ziele und den Weg dorthin klarer zu werden. »Ich habe darüber nachgedacht und fand, dass mein Weg durch Freude bei der Arbeit und durch Geduld gekennzeichnet sein sollte«, fasst Werbke seine höchst erfolgreiche Philosophie zusammen. Inzwischen nimmt Werbke mit den eigenen Hunden an nationalen und internationalen Wettkämpfen teil. Der Gewinn der deutschen Meisterschaft 2010 zusammen mit der Hündin Jill war bisher sein größter Erfolg. Die zweijährige Jill hatte in ihrem Heimatland Irland bereits vier Mal den Besitzer gewechselt und war ziemlich durcheinander, als sie zu Werbke kam. Im Haus rannte sie z. B. gegen die Türen. »Wir haben ihr Alternativen zu ihrem Verhalten leicht gemacht und ihr ansonsten viel Zeit gelassen«, fasst der Hundeausbilder Jills Weg unspektakulär zusammen. Geduld, Ruhe und eine entspannte Haltung fördern auch bei seinen menschlichen Schülern den Einstieg in die gelungene Arbeit mit den Hütehunden. Seit über zehn Jahren führt er gemeinsam mit seiner Tochter Christina eine Border Collie-Schule für die Landwirtschaft, in der die Hunde zusammen mit ihren Besitzern lernen.

EINGESPIELTES TEAM
Die neunjährige Hündin Jill ist erfahren und setzt ihre Bewegungen dosiert ein. Dass Werbke und Jill ein eingespieltes Team sind, beweist nicht nur ihr gemeinsamer Sieg bei der Europameisterschaft 2010 – man sieht es auch bei ihrer täglichen Arbeit mit den Schafen.

Entspannt zum Erfolg

»Ich hatte neulich einen Hund hier, der aufgrund seiner Abstammung eigentlich gar nicht anders konnte, als ausgezeichnet zu hüten. Aber wenn er Schafe sah, tat er gar nichts mehr. Das ging schon über Jahre so. Seine Besitzerin war ziemlich verzweifelt. Sie war mit ihm bereits bei einigen guten Trainern gewesen. Ich habe die beiden nur mit zu den Schafen genommen, den Hund ignoriert und mir von der Besitzerin erzählen lassen, was sie schon alles mit ihm angestellt hatte. Während sie redete, fing der Hund an, zu hüten. Es lag ihm ohnehin im Blut. Was er brauchte, war ein bisschen Freiraum, eine entspannte Besitzerin und nicht den leisesten Hauch von Druck. Das heißt nicht, dass ich meine Hunde nicht auch mal anraunze. Druck, Angst oder gar Schmerz gehören aber nicht zu meinem Ausbildungssystem.«

SCHNUCKENSPORT

Mit Selbstvertrauen und Freude trainiert Tini Übungen aus dem Trial. Die sechs sportlichen Heidschnucken kennen sich bestens mit den Trainingsabläufen aus. Sie sind schnell zu Fuß und machen es Tini nicht zu leicht; und in der Nähe ihres Schäfers gibt es eine Verschnaufpause.

Igel

Im Herbst beginnt das Nahrungsangebot von Igeln knapper zu werden. Die Igel-jungen, die zwischen Anfang Juni und Anfang September geboren werden, sind nun gerade so weit, dass sie sich ihr Futter selbst suchen können – oder auch nicht. Über die Hälfte der jungen Igel überleben ihren ersten Winter nicht. Erst im Früh-jahr, je nach Klima zwischen März und Ende April, ist wieder genügend Nahrung vorhanden und der innere Kalender des Igels bewirkt, dass er aus dem Winterschlaf erwacht.

Der Igelwinter

Für Igel, die schwach und abgemagert aus dem Winterschlaf kommen, ist eine Igelfutterstelle im frühen Frühjahr möglicherweise Leben rettend. Das natürliche Nahrungsangebot ist bis in den Mai hinein vielleicht noch nicht üppig genug, um die kleinen Insektenfresser aufpäppeln zu können. Ab Mitte September bis zu den ersten Nachtfrösten oder sogar darüber hinaus kann es ebenfalls sinnvoll sein, Igel zu füttern. Sind die nachtaktiven Stacheltiere gar tagsüber unterwegs, haben sie mit Sicherheit entweder Hunger oder sie sind krank. Oder wiegt der kleine Kerl, dem Sie im Oktober tagsüber in Ihrem Garten begegnet sind, unter 500 Gramm? Kranke, schwache oder zu leichte Igel darf man auch nach dem Bundesnatur-schutzgesetz aufnehmen und zu einer Igelstation in der Nähe bringen.

↑

BETTEN MACHEN
Aufgeräumte Gärten bieten wenig Baumaterial für den Igelschlaf im Winter. Kleine Laubhaufen an ungewohn-ten Stellen deuten dagegen darauf hin, dass es sich hier jemand für den Winter gemütlich gemacht hat.

Die Igelfutterstelle

Die Igelfutterstelle kann aus einer umgedrehten Obstkiste oder aus einer Holzpalette bestehen, die mit Dachpappe gegen Regen abgedichtet wurde. Ein wenig Katzentrockenfutter, ungesalzenes Rührei sowie gebratenes Rinderhack, gekochte Hühnerhälse oder spezielles Igeltrockenfutter sorgen für Abwechslung auf dem Speiseplan.

Vorbereitung auf den Winterschlaf

Igelmännchen gehen früher schlafen und erwachen auch früher aus dem Winterschlaf. Ihre Winterpause dauert von Oktober bis März. Jungtiere, die noch nicht genug Fettreserven aufgebaut haben, stöbern noch bis in den Dezember hinein nach Nahrung und nehmen die Igelfutterstelle gern an. Igelweibchen fressen sich nach der zehrenden Jungtieraufzucht Winterspeck an, beziehen ihr Wintequartier etwa Anfang November und erwachen im April. Als Igelburgen für den Winter dienen Reisighaufen, am besten mit einem »Herzen« aus Laub, aber auch Holzstapel, umgedrehte Weidenkörbe, die mit einer Plastikfolie abgedichtet und mit Gartenmaterial »getarnt« wurden, alte oder selbst gebaute Holzkisten oder Unterschlüpfe aus Ziegelsteinen mit einem Holzdach.

Igelschutz im Garten

Der Feind des Igels ist ein bis in die letzten Ecken aufgeräumter Garten. Schauen Sie sich Ihren Garten oder Ihre Wiese aus der Igelperspektive an. Schattige und versteckte Unterschlüpfe, die auch bei starkem Regen trocken bleiben, sind Igelparadiese, genau wie dichte Garteninseln, die Schutz für den Tagschlaf bieten. Lattenzäune, durch die man bequem hindurchschlüpfen kann, oder ein Kompost, der Feinkost in Form von Würmern, Schnecken und Käferlarven bietet, erfreuen Igel auf der Wanderschaft.

EINE HANDVOLL IGEL

Nur wer noch nicht fett genug ist, sucht bis in den Dezember hinein nach Fressbarem und freut sich über Futtergaben. Wenn Sie unsicher sind, ob der Igel den Winter aus eigenen Kräften überstehen wird, sollten Sie sich an eine Igelstation wenden.

GOLDENES LICHT UND BLÄTTERRASCHELN

Die rötlichgoldenen Herbstfarben beflügeln unsere Sinne ähnlich wie das frische Grün des Frühjahrs, doch herbstliche Lichtverhältnisse und Temperaturen bewirken auch, dass wir häuslicher werden und uns auf unsere Wurzeln besinnen. Die letzten milden Tage des Jahres laden zu Spaziergängen ein, auf denen es viel zu entdecken und noch genug zu ernten gibt. An regnerischen Nachmittagen werden die ersten Kerzen angezündet und bald ziehen die Tiere von ihren Weiden zurück ans Haus.

WINTER

· ·

Nebel zieht auf, das Wetter schlägt um.
Der Mond versammelt Wolken im Kreis.
Das Eis auf dem See hat Risse und reibt
sich. Komm über den See.

SARAH KIRSCH

Winterliche Schlittenfahrt

Gemeinsame Unternehmungen sind im Winter mit Sicherheit aufwendiger als ein sommerliches Picknick. Allein der Kleiderstapel, den man braucht, damit man das Abenteuer auch wirklich genießen kann! Doch lassen Sie sich nicht abschrecken, es lohnt sich.

Ob es an der speziellen Stimmung des Winters liegt, dass die erlebnisreichen Schnörkel und Schmuckstücke, mit denen man die ansonsten dunklen Tage verziert, besonders intensiv und lange nachwirken? Warum nicht einmal ein winterliches Grillvergnügen oder Picknick planen? Mit heißen Getränken, dampfender Suppe, Grillfleisch und Butterkuchen kann das ein richtiges Fest werden! Eine Feuerstelle, um die man mit wärmenden Decken und auf Sitzunterlagen Platz nimmt, eine Gitarre … Natürlich wird man hier nicht die ganze Nacht verbringen, Nächte am Lagerfeuer gehören eindeutig in die Kategorie Sommer.

Ein Lagerfeuer mit Suppe und Punsch könnte auch den Abschluss einer winterlichen Schlittenfahrt bilden. Schlittenfahrten sind ja in vielerlei Variationen üblich. Ob man ein Pony im Winterplüsch vor eine Kette aus Rodelschlitten spannt, ob man sich von einen alten Deutz ziehen lässt oder ob man im echten Pferdeschlitten Platz nimmt, der von einem urigen Kaltblutgespann gezogen wird, ist ja fast schon egal. Wichtig sind die Geselligkeit und der wärmende Ausklang am Lagerfeuer. Oder in der warmen Stube.

Während man beim geselligen Beisammensein im Sommer ruhig improvisieren kann, ist im Winter schon etwas mehr Planung vonnöten. Lagerfeuer sind dann nicht nur romantisch, sondern sie sollen – wie die Suppe auch – für Wärme sorgen, und für das Sitzen im Freien müssen eingemottete Bänke oder Stühle aus der Winterruhe herausgetragen werden.

Werden die Rodelschlitten von einem alten Deutz oder einem anderen Trecker gezogen, braucht man nur einen umsichtigen Fahrer. Sollen Esel, Ponys oder Pferde den Schlitten ziehen, müssen sie Erfahrung und eine passende Ausrüstung mitbringen. Doch auch wenn es auf dem Land weniger Kutschpferde gibt, als vor achtzig Jahren, findet man sie noch, die ruhigen Fahrpferde.

DECKEN UND GLÖCKCHEN

Mit einem erfahrenen, tatkräftigen Gespann wie diesem wird die winterliche Schlittenfahrt sicher zum Vergnügen. Und wenn man warm genug angezogen ist, kann man auch den anschließenden Glühwein am Feuer genießen!

SCHNEEFLOCKEN UND KLIRRENDE KÄLTE

Nach den ersten Schneefällen im Winter verfremdet sich der Anblick von Vertrautem für eine Weile. Alles sieht frisch und irgendwie anders aus. Die tiefstehende Sonne und das karge Licht verstärken diesen Eindruck. Haustiere sind darauf angewiesen, von uns versorgt zu werden und so erfrischend und schön es ist, in der Kälte draußen zu sein, so gemütlich ist es später im Haus, um bei einer Tasse Tee allmählich wieder aufzutauen.

Winterschlaf und Wurzelkraft

Die zarte Stille des Winters, die sich wie eine Glocke über wolkenverhangene Tage legt, trägt eine große Ruhe in sich. Auch die Dunkelheit des Winters kommt zwischen funzeligen Straßenlampen, die in manchen Dörfern über Nacht ausgeschaltet werden, voll zum Tragen. Wer am späten Nachmittag oder am Abend mit dem Hund geht, weiß, wie sich echte Dunkelheit anfühlt.

D ie Natur schöpft aus dieser Dunkelheit neue Kraft. Unterirdisch, in den Wurzeln, oder unsichtbar, in den Winterschlafnestern, pulsiert sie beim Atmen, tankt auf, erneuert sich, damit es im Frühjahr wieder richtig losgehen kann. Äußerlich jedoch ist alles still. Gartenvögel, sofern sie nicht in den Süden gezogen sind, erfreuen uns nicht mit ihrem Gesang, sondern schimpfen höchstens auf die Katze. Schneelandschaften haben einen besonderen Reiz. Milchig weißer oder knallblauer Himmel, dazu der glitzernde Schnee – dieses märchenhafte Farberlebnis wirkt noch lange nach.

Pläne schmieden

Nach Weihnachten kann der Winter ganz schön lang werden. Die immer gleichen Arbeiten im Stall und um das Haus herum sind wunderbar eintönig. Während man mistet, fegt, Heu schleppt, Wasserbottiche auftaut und Tränken kontrolliert, regeneriert man unwillkürlich auch dann, wenn man keinen Winterschlaf hält.

Wer die Dunkelheit des Landlebens nicht aushält, lenkt sich mit gelegentlichen Stadtbesuchen ab oder macht Pläne für den Frühling. Plänemachen gehört unbedingt in den Winter! Welche Stute welchen Hengst kennenlernen soll, welche Ziege sich für welches Kunststück eignet, welche Wiese wie unterteilt und welche neue alte Hühnerrasse in den Hühnerstall ziehen wird, sind spannende Winterthemen des Tierhalters. Gartenfans fragen sich im Winter vielleicht, ob sie im nächsten Jahr die Kräuterspirale neu bepflanzen, mit weiß blühenden Stauden experimentieren oder sich die Palette der Gräser erschließen sollen. Sie freuen sich schon auf die bunten Kataloge der Versandbaumschulen, die kurz nach Weihnachten eintreffen.

WINTERSPORT
Im frisch gefallenen Schnee sieht Vertrautes plötzlich so anders aus. Aber sie bringt Arbeit mit sich, die weiße Pracht. Wege müssen geräumt und mitunter auch Tränken aufgetaut werden. Wohl dem, der nicht allzu viel Gehwegfläche hat.

Der Zaun

Im späten Winter oder frühen Frühjahr werden Zäune gezogen und in Ordnung gebracht. Eichenpfosten sehen natürlich aus, und wer die Zeit hat, sie alle paar Jahre zu ersetzen, wird mit Eichenpfosten sicher glücklich. Manche Landwirte besitzen einen Erdbohrer, mit dessen Hilfe die Pfähle schnell in der Erde versenkt werden können. Anschließend wird Erde in das Loch rund um den Pfosten gefüllt und festgestampft. In den Löchern für jeden einzelnen Zaunpfosten muss immerhin ein Drittel der Länge des Pfostens verschwinden. Zaunbau in Handarbeit zu erledigen braucht daher seine Zeit und ist mühsam.

Als Querverbindungen eignen sich Latten, deren Höhenabstand sich nach den Bewohnern der Wiese richtet. Es empfiehlt sich, vor den oberen Latten Elektrodraht als Verbissschutz und zusätzliche Sicherung zu spannen. Schafdraht mit Knotengitter in einer Höhe von 1,20 m sichert die fest eingezäunte Wiese zusätzlich, denn Schafe und vor allem Ziegen sind prima im Überwinden von Zäunen. Auch Federvieh kann hinter Gittergeflechten gehalten werden. Pferde nehmen niedrige Zäune oft gar nicht ernst. Für sie muss die Zaunhöhe mindestens 1,60 m betragen. Wer je Zuschauer bei Springturnieren war, wird wissen, dass viele Pferde auch diese Höhe noch problemlos überspringen.

Hecken, Finger des Waldes

In manchen Gegenden werden Hecken, Wallhecken, Över oder Knicks als begrenzender Windschutz in der freien Landschaft aufwendig gepflegt. Manche dieser Wallhecken sind schon sehr alt.

TÜV FÜR DEN ZAUN
Nach der Schneeschmelze werden die Eichenpfosten auf ihre Standfestigkeit geprüft. Einige wurden schon in der letzten Saison ersetzt, andere sind dieses Jahr dran. Anschließend muss der Stacheldraht neu befestigt werden.

Naturhecken als Begrenzung für Haus und Hof sind im Frühjahr wegen ihrer frühen und bis in den Juli hinein andauernden Blüte ein schöner Blickfang. Sie sind preisgünstig und wachsen schnell. Neuanlagen dieser Naturräume, die vielen Tier- und Pflanzenarten Lebensraum bieten, werden zum Teil mit öffentlichen Mitteln gefördert. Heimische Wildsträucher wie Eberesche, Weißdorn, Schneeball, Hartriegel, Schlehe, Heckenrose, Haselnuss oder Holunder gehören in solch eine Hecke, die allerdings 3 bis 4 Meter Breite haben muss, um auch wirklich ein Lebensraum sein zu können. Mit Platz kann man auf dem Land allerdings verschwenderisch umgehen, also keine Bange. Hecken werden in drei Ebenen angelegt, zwischen diesen Ebenen turnen Brombeeren und Waldgeißblatt. Auf der unteren Ebene finden sich die Kräuter, auf der mittleren die meist fruchttragenden Sträucher und auf der oberen Ebene die Bäume. Bäume, häufig Eichen, Buchen oder Ahorn, werden ungefähr alle 30 Meter gepflanzt. Oder gar nicht. Hecken können alle zehn Jahre vom Fachmann auf den Stock gesetzt werden. Alle 20 bis 40 Meter lässt man einen hohen Baum als »Überhälter« der oberen Ebene stehen. Danach ist der schichtmäßige Aufbau von der Kraut- über die Strauch- zur Baumebene besonders schön zu beobachten und die Hecke erneuert sich wieder.

Die Benjes-Hecke

Es ist auch möglich, das Wachstum einer Naturhecke ganz der Natur zu überlassen. Entwickelt wurde diese Idee von den Brüdern Heinrich und Hermann Benjes. Dazu breitet man eine Schicht aus heimischem Heckenschnitt 2 Meter breit und 1,50 Meter hoch auf und wartet ab. Ein paar Jahre dauert es schon, ehe sich eine Pflanzengesellschaft entwickelt, die optimal an die Umgebung angepasst ist.

TIEFKÜHLKOST
Wenn sie Raufutter und einen Stall zur Verfügung haben, schätzen Schafe die Freiheit, auch im Winter nach Gräsern zu suchen. Engmaschiger Schafszaun begrenzt diese Freiheit und schützt vor streunenden Hunden.

Lebendige Zäune

Auch die Weideeinzäunung mit Weiden hat in einigen Gebieten noch Tradition. Im Hausgarten stört es vielleicht nach einigen Jahren, wenn die ehemals schlanken Weidenruten sich zu prächtigen Bäumen entwickeln. Beim Einzäunen der eigenen Wiese sind die herrlichen Silberweiden dagegen ein schöner Schutz- und Schattenspender. Sal- und Bruchweiden, die sich ebenfalls eignen, werden nicht ganz so hoch wie die Silberweide. Zwischen dem 1. Oktober und dem 28. Februar kann man sich Weidenruten selbst schneiden. Es gibt sie jedoch auch im Handel.

Zaungeflecht

Ein lebender Zaun lässt sich nicht versetzen und sollte gut vorbereitet und mit den Nachbarn und der Gemeinde abgesprochen sein. Für Flechtzäune werden die Weidenruten im Abstand von 30–40 cm entlang einer Schnur gesteckt. Schlagen die Ruten nach einigen Monaten aus, werden sie Rute für Rute gebogen und wie beim Stopfen um ihre drei oder vier Nachbarn gewoben oder geflochten. Im nächsten Frühjahr werden alle Triebe der Ruten abgeschnitten, die sich nicht zum Verweben eignen, und nur jeweils der Trieb weitergeflochten, der senkrecht in die Höhe wachsen wollte. Damit die Höhe des Weidengeflechts gleichmäßig bleibt, kann auch abwechselnd von links nach rechts und zurück geflochten werden. Zum Flechten dürfen die neuen Zweige weder zu dünn noch zu stark verholzt sein und es kann nötig sein, bis zum Herbst zu warten. Auch Vogelnisthilfen können eingeflochten werden. Junge Weiden werden gern gefressen, also in ausreichendem Abstand Elektrodraht vorspannen!

GRENZSCHUTZ

Hecken mit einem stabilen Zaun aus Knotengitter oder glattem Draht kombiniert sind vielseitig und bieten unterschiedlichen Tierarten Schutz und eine gut sichtbare Grenze. Stacheldraht dagegen eignet sich nicht für Pferde.

Wer nicht flechten möchte, steckt die Ruten alle drei bis vier Meter ins Erdreich und setzt einen Elektrozaun davor. Nach einigen Jahren sind die Weiden so stark, dass sie als Zaunpfähle herhalten können. Verwenden Sie beim Befestigen des Drahtes am besten rostfreie Holznägel, oder besser noch, rostfreie Holzschrauben. Die Experten streiten zwar darüber, ob Kupfernägel oder vermessingte Stahlschrauben dem Baum schaden oder nicht, doch sicher ist sicher.

Zaun reparieren

Im frühen Frühjahr, bevor die Tiere wieder die gesamte Wiese bevölkern dürfen, wird der Zaun genauer in Augenschein genommen. Einige Eichenpfähle sind morsch und müssen ersetzt werden, hier und da ist der Draht lose oder die Hecke hinterm Zaun muss in ihre Schranken verwiesen werden. Ein Fahrradanhänger voll Werkzeug oder ein geduldiges Shetlandpony vor einem Kastenwagen begleitet die Zaunhandwerker bei ihrem Tagwerk. Wer über drei Hektar eingezäunt hat, tuckert vielleicht auch mit Traktor und Anhänger. Und einen Tag dauert es bei sorgfältiger Planung und Materialbeschaffung meist schon, bis der Weidezaun seinem Namen wieder Ehre macht, bis er wieder wirklich solide, stabil und ausbruchssicher ist.

DEKO ODER ÖKO?
Diese Hecke dient nur der Gartenbegrenzung, denn Gehölze wie Eibe, Buchsbaum, Thuja oder Pfaffenhütchen sind giftig und haben in natürlichen Hecken nichts zu suchen.

Leckere Bratäpfel

Zutaten

8 Äpfel
1 Bio-Orange
1 Handvoll Cranberrys oder Rosinen
1 Handvoll Mandeln, Haselnüsse oder Walnüsse
Honig nach Belieben
Zimt, gemahlene Vanille, Nelken nach Geschmack

1. Den Deckel eines schönen, mittelgroßen Apfels abschneiden und das Kerngehäuse ausstechen.

....

2. Einige Cranberrys oder eingefrorene Johannisbeeren, geriebene Orangenschale, Rosinen, Mandeln, Walnüsse und einen großen Klecks Honig einfüllen, mit Zimt bestreuen und den Deckel des Apfels wieder aufsetzen. Auf ein Blech setzen und im Backofen bei 175 °C (Umluft 150 °C) 20 – 25 Minuten backen. Auf Teller verteilen, nach Belieben mit Puderzucker bestreuen.

....

Auch Pferde mögen Bratäpfel, doch vor dem Servieren gut abkühlen lassen.

Gartenplanung an stillen Tagen

Verschneite Beete und mit Raureif überzuckerter Rasen lassen die Arbeit im Garten ruhen. Doch auch jetzt gehören die Gedanken des Gärtners seinem Reich. An langen Abenden werden die Pläne für das kommende Gartenjahr geschmiedet. Gartenkataloge locken mit bunten Bildern und Blütenpracht.

Lassen Sie sich Zeit; bei aller dargebotenen Blütenpracht sollten Sie zunächst überlegen, welche Ausrichtung die Bepflanzung im eigenen Garten bekommen soll. In Zeitschriften finden sich verschiedene Pflanzpläne für Rabatten und Beete. Sind es die Formen der Beete, die Farben oder die Art der Bepflanzung, die Ihrem Garten seine Charakteristik verleihen sollen? Holen Sie ruhig den Familienrat zusammen und lassen Sie sich von den Pflanzplänen zu verschiedenen Gartenthemen in Zeitschriften oder Katalogen inspirieren.

Das Gartentagebuch

Wer ein Gartentagebuch geführt und all die Beobachtungen und Ideen notiert hat, die ihm im Lauf des Jahres begegnet sind, hat es jetzt leicht. Alles kann abgewogen, berücksichtigt oder endgültig verworfen werden. Wer noch kein Gartentagebuch führt, sollte es sich für das kommende Jahr vornehmen. Was möchte man ändern? Welche Pflanze fühlt sich an ihrem Standort nicht wohl? Soll sie umgesetzt oder ersetzt werden, oder kann man den Standort etwa durch Boden verbessernde Maßnahmen für die Pflanze günstiger gestalten? Wo sind die geschützten Ecken des Gartens? Wo pfeift der Wind ungehindert durch? Wie sind die Bodenbedingungen? Selten ist ein Garten homogen. Diese Beobachtungen gehören ins Gartentagebuch und können bei der Planung helfen.

Zeichnen Sie sich einen möglichst großen Plan Ihres Gartens. Zeichnen Sie Haus und Schuppen, Wege und Beete, Bäume und Sträucher, den Kompostplatz und alles andere, das einen festen Platz hat, mit ein. Ergänzen Sie den Plan mit einer Windrose, so lassen sich schattige Plätze an den Nordseiten von Gebäuden und die Sonneneinstrahlung im Tagesverlauf erkennen.

WEISSE MÄRCHENWELT
Vertraute Gegenstände wirken im Winter oft wie aus einer anderen Welt. Von einer Schneehaube überzogen und im Weiß versunken, verändern sich die Konturen, sodass man sich fast fragen kann: »Wofür mögen sie im Sommer gut sein?«

Teilen Sie Ihren Garten in verschiedene Bereiche, keinesfalls sollte der Blick in den Garten alles sofort offenbaren. Hinter Sträuchern oder hohen Stauden versteckte Plätze, hier ein Weg, der um die Ecke verschwindet und ahnen lässt, dass es dort noch einiges zu entdecken gibt. Ein Garten, der sich »verzweigt«, an dessen »Hauptstamm« verschiedene Äste wachsen, entwickelt einen ganz eigenen, unverwechselbaren Charakter, so wie auch kein Baum einem anderen gleicht. Bei der Platzverteilung im Garten entscheidet aber vor allem die Sonneneinstrahlung. Weisen Sie dem Gemüse- und Kräutergarten volle Sonne zu, nur sehr wenige Arten gedeihen im Schatten.

Versteckt oder in Szene gesetzt?

Etwas verborgen hinter Sträuchern, am besten unter einem Schatten spendenden Baum, findet der Kompost seinen Platz. Planen Sie den Platz dafür ruhig großzügig ein, denn zum Sieben des Komposts und Anmischen von Erde braucht man Bewegungsfreiheit für Schubkarre und Schaufelstiel. Am Kompost stehen auch die Jauchefässer für die Herstellung von Flüssigdünger.

Blumen gehören dorthin, wo man sie auch sieht, also im Eingangsbereich, an Sitzplätzen und entlang der Wege. Nur Schnittblumen werden wie Nutzpflanzen behandelt. Sie stehen im Bauerngarten als schmückendes Beiwerk traditionell entlang der Gemüsebeete oder dicht am Zaun.

Entwickeln und verwerfen Sie Ideen. Schieben Sie auf Ihrem Plan alles hin und her, so lange, bis es passt.

Auswahl der Pflanzen

Bei der Auswahl der Pflanzen sollten die heimischen Arten an erster Stelle stehen. Sie sind an das Klima angepasst und benötigen keine intensive Pflege. Auch Vögel und Insekten finden unter ihnen am besten Nahrung und Unterschlupf. Ausnahmen sind Kübelpflanzen, die auf der Terrasse oder am Sitzplatz die Möblierung ergänzen, sie können ruhig exotisch daherkommen.

Die Natur einbinden

Ein Gang durch den Garten kann Sie erneut inspirieren. Lassen Sie Ihren Blick ruhig über den Gartenzaun schweifen. Ihr Garten hört nicht an der Grundstücksgrenze auf. Die umgebende Landschaft oder die Nachbargärten können und wollen in die Gestaltung einbezogen werden, denn sie bilden quasi den Hintergrund der eigenen Bepflanzung. Nur hohe Zäune oder Hecken lassen den eigenen Garten zu einem geschlossenen Raum werden.

RUNDGANG DURCH DEN WINTER-GARTEN
Winterliche Ruhe herrscht jetzt überall. Manch' vergessenen, jetzt zugeschneiten Gegenstand findet man erst im Frühjahr wieder, wenn der Schnee ihn freigibt. Machen Sie ruhig einen Rundgang durch Ihren Garten und überlegen Sie, was Sie ändern möchten.

HUNGRIGES ROTKEHLCHEN
Trotz Kälte und Schnee ist noch Leben im Garten. Viele Vögel bleiben hier und sind für Fütterung oder stehengebliebene Samenstände dankbar.

Winterblühende Gehölze

Ist in Ihrem Garten jetzt alles nur weiß und grau? Das muss nicht
sein! Es gibt etliche Winterblüher, die mit ihren farbenfrohen
Blüten das winterliche Einerlei auflockern. Vier der schönsten
möchten wir Ihnen hier vorstellen.

Winterjasmin

Von Dezember bis Februar ist der Winterjasmin
(Jasminum nudiflorum) mit unzähligen gelben
Blüten übersät. Er mag einen geschützten Standort,
am besten an einer Mauer. Während seine Knospen
durchaus frosthart sind, vertragen seine Blüten
starke Fröste nicht so gut. Für eine nächtliche Vlies-
abdeckung bei hohen Minusgraden sind sie dankbar.
Der Winterjasmin kann nach der Blüte zurückgeschnitten und ausgelichtet werden.

Duftschneeball

In rosa Kugeln verströmen die Blüten des Winter-
oder Duftschneeballs (Viburnum x bodnantense
‚Dawn') mancherorts bereits ab November ihren
süßlichen Duft.
Im Winter trägt er kein Laub, das erscheint erst im
Frühjahr wieder. Gern steht er sonnig, gibt sich
jedoch auch mit leichtem Schatten zufrieden, hier
mag er am liebsten die Nachmittagssonne. Achten
Sie beim Kauf unbedingt auf die genaue Sortenbe-
zeichnung, denn Viburnum ist eine große Pflanzen-
familie. Achtung, wenn Kinder im Garten spielen,
alle Arten des Schneeballs sind leicht giftig,
besonders die Beeren.

Christrose

Frühe Christrosen (Helleborus niger) öffnen schon
im Dezember ihre weißen, manchmal rot über-
hauchten Blüten, an schattigen Plätzen kann die
Blüte bis in den März hinein andauern. Sie ist etwas
anspruchsvoll und liebt kalkhaltigen Boden. Wo
es ihr nicht zusagt, wird sie nicht alt. Gefällt ihr der
Standort jedoch, samt sie sogar aus. Alle Pflanzen-
teile sind stark giftig, sodass es bei empfindlicher
Haut empfehlenswert ist, bei Pflegearbeiten Handschuhe zu tragen.

Zaubernuss

Ab Januar beginnt die Zaubernuss (Hamamelis),
ihre aparten Blüten in Rot oder Gelb zu öffnen. Wie
Büschel aus schmalen Papierstreifen hängen sie an
den zierlichen Sträuchern. Die Zaubernuss verträgt
keinen Rückschnitt, sie darf nur ausgelichtet werden.
Sie stammt aus lichten Wäldern, und so sind auch
ihre Wünsche an den Standort: möglichst kalkfrei
und auch im Sommer keine Trockenheit.

UFTSCHNEEBALL

WINTERJASMIN

CHRISTROSE

Fruchtfolge und Mischkultur

Das Wissen darum, wie die verschiedenen Pflanzen am besten neben- und nacheinander auf den Beeten stehen, ist der unermüdlichen Beobachtung vieler Generationen von Gärtnern zu verdanken. Während bei der klassischen Fruchtfolge mehr oder weniger Monokultur herrscht, also pro Beet nur eine Pflanzenart angebaut wird, ist man in jüngster Zeit dazu übergegangen, Fruchtfolge und Mischkultur eng miteinander zu verbinden.

Bei der klassischen Fruchtfolge teilen Sie Ihren Nutzgartenbereich in vier Teile. Im ersten Jahr werden auf dem frisch gedüngten Beet Starkzehrer angebaut. Im zweiten Jahr folgen die Mittelzehrer und im dritten Jahr eine Kultur mit Schwachzehrern. Das vierte Jahr dient der Erholung des Bodens, es wird Gründünger eingesät. Jedes Jahr wechseln die Kulturen ins nächste Beet, im fünften Jahr beginnt der Kreislauf von vorn. Möglich ist auch eine dreijährige Fruchtfolge ohne dazwischengeschaltetes Gründüngejahr. Dann reichen drei Quartiere aus und das Quartier für die Starkzehrer erhält schon früh im Jahr eine gute Gabe Stallmist und Hornspäne. Die Einteilung der Arten finden Sie in der Tabelle.

Gute Nachbarn

Die Beeinflussung der Pflanzennachbarn über Duftstoffe, sowohl ober- als auch unterirdisch, wird nur bei idealen Boden- und Klimabedingungen wirksam. Die Empfehlungen in Mischkulturtabellen und -anleitungen sind deshalb im eigenen Garten nur bedingt wirksam und müssen daher nicht streng befolgt werden.

Einteilung der Gemüsearten nach Nährstoffbedarf

Zu den Starkzehrern gehören		Zu den Mittelzehrern gehören		Zu den Schwachzehrern gehören
♠ Artischocke	♠ Meerrettich	♣ Kopfsalate	♣ Rote Bete	♥ Buschbohne
♠ Aubergine	♠ Pastinake	♣ Mairübchen	♣ Schwarzwurzel	♥ Erbse
♠ Blumenkohl	♠ Rhabarber	♣ Mangold	♣ Spargel	♥ Feldsalat
♠ Fenchel	♠ Rosenkohl	♣ Paprika	♣ Spinat	♥ Möhre, Karotte
♠ Grünkohl	♠ Sellerie	♣ Radieschen	♣ Stangenbohne	♥ Schnittsalat
♠ Gurke	♠ Tomate	♣ Rettich	♣ Zwiebel	♥ Kräuter
♠ Kartoffel	♠ Topinambur			
♠ Kopfkohl	♠ Zucchini			
♠ Kürbis	♠ Zuckermais			
♠ Lauch	♠ Zuckermelone			

Die klassische Fruchtfolge				
	Beet 1	Beet 2	Beet 3	Beet 4
1. Jahr	Starkzehrer	Gründünger	Schwachzehrer	Mittelzehrer
2. Jahr	Mittelzehrer	Starkzehrer	Gründünger	Schwachzehrer
3. Jahr	Schwachzehrer	Mittelzehrer	Starkzehrer	Gründünger
4. Jahr	Gründünger	Schwachzehrer	Mittelzehrer	Starkzehrer

Besser ist es, die Pflanzen nach ihren unterschiedlichen Bedürfnissen nach Nährstoffen, Licht und Wasser und nach der Anfälligkeit für Krankheiten zusammenzustellen. Notieren Sie Ihre Erfahrungen im Gartentagebuch.

Bei dieser Kombination von Fruchtfolge und Mischkultur gibt es einen reihenweisen Wechsel der Kulturen, wobei man Pflanzen miteinander kombiniert, die den Boden unterschiedlich beanspruchen, zum Beispiel Schwachzehrer neben Starkzehrern oder tief wurzelnde Pflanzen neben flach wurzelnden. Nahe Verwandte gehören nicht zusammen auf ein Beet, also nicht Kohl neben Kohl oder Kartoffeln neben Tomaten. Diese Regel gilt auch für die Fruchtfolge, also nicht in zwei aufeinanderfolgenden Jahren Kohl anbauen. Aber wie überall hat auch diese Regel eine Ausnahme: Tomaten stehen gern »im eigenen Mist«. Sie mögen es, in jedem Jahr im selben Beet zu stehen. Nur bei Krankheiten sollte der Standort gewechselt werden.

Ist die Hauptkultur im Beet ein Starkzehrer, zum Beispiel Tomate oder Gurke, kommen daneben Mittel- oder Schwachzehrer. Die Hauptkultur hat meist eine sehr lange Kulturzeit. Planen Sie dafür einen großen Reihenabstand ein, sodass noch eine Reihe sich gut ergänzender Arten dazwischen Platz hat, die bereits abgeerntet ist, wenn sich die Hauptkultur ausbreitet.

Einige praktische Beispiele
Klassisch ist die Kombination der zwei Mittelzehrer Möhren und Zwiebeln. Sie helfen sich gegenseitig, Schädlinge fernzuhalten. Geschmack verbessernd für seine Nachbarn wirkt Sellerie und Petersilie. Beide stehen gut neben Tomaten.

Frühe Kulturen, wie Radieschen, Schnittsalat oder Spinat, lassen sich bequem noch vor der Bepflanzung mit späten Kohlarten oder späten Bohnen ernten. Mit einigem Planungsgeschick kann man durchaus zweimal vom Beet ernten.

In neu angelegten Gemüsegärten dauert es einige Jahre, bis sich das Gleichgewicht im Boden eingependelt hat und aus dem ehemaligen Brachland fruchtbare, lockere, duftende Gartenerde geworden ist. Aber Ihre Geduld wird mit reicher, wohlschmeckender Ernte belohnt.

Vorkultur auf der Fensterbank

Geduld ist eine Tugend, die wir Gärtner im Umgang mit der Natur schnell lernen. Gott sei Dank brauchen wir sie jetzt nicht, denn bereits Ende Februar können wir mit der Vorkultur von einjährigen Blumen, von Gemüse und Knollenpflanzen im Haus beginnen, während es draußen noch kalt und ungemütlich ist.

I n unseren Breiten hilft dieser Frühstart vielen Blumen und Gemüsearten erst zur Blüte und Reife, denen die Zeit dafür ab Mitte Mai bis zum Herbst zu kurz wäre. Auch wer seltene Arten und Sorten im Garten haben möchte, kann auf die Vorkultur nicht verzichten. Zwar werden junge Setzlinge im Frühjahr auf dem Markt angeboten, aber von Anfang an dabei zu sein ist eine besondere Freude.

Vorbereitung

Damit die empfindlichen Sämlinge gesund heranwachsen, muss das Zubehör gut gesäubert sein. Im Handel ist spezielle Aussaat- oder Anzuchterde erhältlich, die sterilisiert, sehr feinkrümelig und eher nährstoffarm ist. Diese Eigenschaften sind wichtig, denn die zarten Pflänzchen können Pilzkrankheiten noch keinen großen Widerstand entgegensetzen.

Ab in die Erde

Eine Mischung aus Kompost und Sand und darüber etwa drei Zentimeter Aussaaterde in den Vorkulturkästen bieten den zarten Wurzeln ersten Halt und Nahrung. Ausreichend Licht brauchen die Sämlinge, sonst werden sie langstielig und gedeihen später im Beet nicht richtig. Wiederholtes Umpflanzen kräftigt das Wurzelwerk. Viele Jungpflanzen dürfen nicht tiefer gesetzt werden, auch wenn sie zunächst umkippen. Dazu gehört Kopfsalat, Kohlrabi und Sellerie, sie bilden sonst keine Köpfe oder Knollen aus.

Die ersten robusten Pflanzen kommen ab April ins Freiland und machen Platz für die größer werdenden Zöglinge, die erst nach den Eisheiligen ins Freie dürfen. Unsere Schritt-für-Schritt-Anleitung zeigt, wie es geht.

←

NEUE WURZELKRAFT
Tomaten dürfen beim Umsetzen ruhig tief in die Erde gesetzt werden. Sie entwickeln dann mehr Wurzeln und wachsen kräftig heran.

Schritt für Schritt
Vorkultur

 1. Füllen Sie die Anzuchttöpfe oder -kästen mit der Erde und lassen Sie dabei einen kleinen Gießrand, damit die Erde beim Wässern nicht ausgeschwemmt wird.

2. Nun kommen die Samen, nach Arten getrennt, in die Töpfe. Sie werden nur dünn mit Erde bestreut und leicht angedrückt.

3. Vorsichtig gießen! Bis zur Bildung der Keimblätter am besten eine Sprühflasche benutzen.

4. Sind die Pflänzchen so groß, dass sie sich gegenseitig beim Wachsen behindern, werden sie in größerem Abstand neu eingepflanzt (pikiert). Ruhig mehrmals.

5. Sobald es das Wetter erlaubt, können die jungen Pflanzen nach draußen. Die ersten zwei bis drei Tage kommen die jungen Pflanzen zur Umgewöhnung und Abhärtung zunächst nur tagsüber ins Freie und nicht gleich in die pralle Sonne.

Wintergemüse

Die Beete sind im Herbst leer geräumt worden. Vieles ist in Gläsern und Flaschen für den Winter konserviert. Doch einige wenige Pflanzen halten durch, und so muss niemand im Winter auf frisches Gemüse und Salat aus dem eigenen Garten verzichten. Hier eine kleine Auswahl:

Grünkohl

Er kommt im Juli als Jungpflanze ins Freiland. Die Erntezeit beginnt aber erst nach dem ersten Frost, der dem Grünkohl seinen typischen Geschmack verleiht. Der Grünkohl steht gern vor Wind geschützt, und bei starkem Schneefall sollten Sie ihn von der Schneelast befreien. Die Ernte beginnt mit den unteren Blättern, erst zum Schluss wird die ganze Krone abgeschnitten. Lässt man einige Blätter stehen, treibt die Pflanze im Frühjahr noch einmal neu aus und liefert frisches Grün für einen leckeren Salat.

Porree oder Lauch

Er kann Frost gut vertragen. Bei der Ernte muss man aufpassen, dass die Stangen nicht gedrückt werden, wenn sie durchgefroren sind. Sie werden sonst braun und ungenießbar. Eine lockere Strohschicht oder Vlies ist in schneefreien Wintern zu empfehlen.

Schwarzwurzel

Bis zum April können Schwarzwurzeln frisch vom Beet geerntet werden. Nur bei durchgefrorenem Boden wird es etwas schwieriger. Hier kann Stroh oder Vlies

KOHL UND PINKEL
Grünkohl ist besonders im Norden beliebt. Jeder Verein veranstaltet zwischen November und Februar eine Grünkohlwanderung für Mitglieder und Gäste. Schnee bietet den Pflanzen Schutz vor Frost.

helfen. Nehmen Sie eine Grabegabel für die Ernte, das schont die zerbrechlichen Stangen. Am besten tragen Sie Handschuhe bei der Ernte und der Verarbeitung, denn überall, wo die dunkle Schale verletzt wird, tritt klebriger Milchsaft aus. Für diese Mühe wird man jedoch mit einer wahren Delikatesse belohnt.

Rosenkohl

Bis zum Februar kann geerntet werden, sofern der Frost nicht zu streng ist. Nur wer alle Röschen auf einmal ernten möchte, köpft seinen Rosenkohl im Spätherbst.

Feldsalat

Dieser kräftige Salat kann von Juli bis September überall dort eingesät werden, wo ein Platz auf den Gemüsebeeten frei wird. Die dunkelgrünen Blattrosetten vertragen auch strenge Fröste und liefern so den ganzen Winter über frischen Salat.

Winterportulak

Man kennt ihn auch als Postelein oder Kubaspinat. Bis zum Neuaustrieb im Frühjahr ist Erntezeit. Die zarten Blätter liefern den ganzen Winter schmackhafte Beigaben für Salate. Kurz mitgeschmort passt er gut zu Gemüsepfannen.

Rauke

Ausgesät wird im September. Sobald die Blätter 10 Zentimeter lang sind, kann geerntet werden. Wenn man nur die Blätter schneidet und die Rosette stehen lässt, treibt Rauke wieder neue Blätter.

SCHWARZWURZEL UND ROSENKOHL

Die Schwarzwurzel ist zur Rarität in den Gemüsebeeten geworden. Zu Unrecht, denn sie ist ein wunderbar zartes und wohlschmeckendes Gemüse. Rosenkohl sollte bis zum Januar geerntet sein, die Röschen werden später unansehnlich.

Obstbaumschnitt

Die Zeit des Baumschnitts reicht vom Blattfall im Herbst bis kurz vor dem Neuaustrieb im Frühjahr. Nur die Tage, an denen es kälter als -5 °C ist, sollte man für den Baumschnitt meiden. Dann ist das Holz zu hart gefroren, um sauber arbeiten zu können.

J e nachdem, was man bewirken will, sollte man die Bäume im Spätherbst oder erst im Februar schneiden. Starkes Triebwachstum wird in aller Regel die Folge sein, sofern die Bäume im Herbst geschnitten wurden. Der Schnitt im Februar hingegen hemmt das Triebwachstum und fördert eher den Fruchtansatz. Obstbäume richtig zu schneiden ist schon eine Kunst für sich. Gut beraten ist der Anfänger deshalb mit dem Besuch eines entsprechenden Kurses in der Volkshochschule oder der Baumschule.

Die Hauptarbeit besteht aus dem Auslichten der Krone: Alle nach innen wachsenden, sich überkreuzenden und zu dicht stehenden Triebe werden entfernt. Steinobst hat eigene Wünsche an Zeitpunkt und Ablauf des Baumschnitts:

Süßkirschen und Pflaumen

Beide Arten kommen mit wenig Schnitt aus. Entfernt wird nur, was zu dicht steht. Günstig sind hier Triebe, die nach außen wachsen, sodass die Krone eine Trichterform bildet, denn so scheinen die Sonnenstrahlen gleichmäßig auf alle Früchte.

Sauerkirschen

Sauerkirschen werden nach der Ernte im Sommer geschnitten. Alle Triebe, an denen Früchte hingen, werden etwa um ein Drittel eingekürzt. Außerdem muss die Krone ausgelichtet werden. Je lichter die Krone ist, desto besser werden die Früchte. Hier heißt es: »Der Gärtner muss seinen Hut durch die Krone werfen können.«

Pfirsiche

Pfirsich lichtet man am besten im Frühjahr aus, wenn die Knospen noch geschlossen sind. Nur Triebe, an denen runde und spitze Knospen gemischt vorkommen, versprechen gute Erträge. Alle anderen Triebe werden entfernt.

GEKONNT SCHNEIDEN
Ein Baumschnittkurs dauert selten länger als einen Tag und wer viele verschiedene Bäume zu schneiden hat, kann dem Kursleiter ja anbieten, den eigenen Garten als Schulungsort zu benutzen.

Schritt für Schritt
Obstbaumschnitt

 1. Schaffen Sie sich eine spezielle Bügelsäge für den Baumschnitt an. Sie hat ein extra geschliffenes Sägeblatt, mit dem sich auch grünes Holz gut sägen lässt. Der Bügel kann gekippt werden, so kommen Sie auch in schmale Zwischenräume.

2. Seitentriebe am Stamm unterhalb der Krone sollten zügig entfernt werden. Dicht am Stamm absägen, damit keine »Kleiderhaken« entstehen, die anfällig für Pilzkrankheiten sind.

3. Dünne Triebe können gut mit einer scharfen Gartenschere entfernt werden. Bei jungen Bäumen kommen Sie sogar fast ohne Säge aus.

4. Ideal für die Ausbildung von Früchten ist ein Winkel der Äste von 60 Grad zur Senkrechten, das entspricht einer Zeigerstellung von zwei Uhr auf dem Ziffernblatt. Lassen Sie bei sich gabelnden Trieben immer den stehen, der diesem Winkel am nächsten kommt.

5. Seien Sie ruhig großzügig beim Schnitt. Die Früchte werden größer und aromatischer, wenn die Baumkrone Licht und Luft bietet.

Schafe und Ziegen

Schafe kündigen das Ende des Winters an und leiten ins Frühjahr über. Selbst wenn noch Schnee liegt, hüpfen die ersten Lämmer vergnügt umher und rennen übermütig über die Wiese, sobald sie den Stall für erste Ausflüge verlassen dürfen. Besorgt blökende Mütter schauen ihren Lämmern hinterher.

Stellt man Schafe und Ziegen nebeneinander, ziehen die Schafe meist den Kürzeren, denn Ziegen gelten als gewitzter, anspruchsvoller, individualistischer und interessanter als ihre wolligen Kollegen, auch wenn einige Schafrassen glatt als Ziegen durchgehen könnten.

Dummes Schaf? Von wegen!

Dabei unterschätzen wir die schafstypische Intelligenz, da wir kulturell bedingt alle ausgesprochenen Fluchttiere gern als dumm bezeichnen, nur weil sie nicht angreifen. Im alten China sah man das anders. »Wegrennen ist die beste List von allen«, lautet das letzte chinesische Stratagem auf einer Ratschlagsliste für den Umgang mit Mächtigen. Und wegrennen können Schafe ganz schön gut.

Die beiden urtümlichen Wiederkäuerarten eignen sich hervorragend, um die Wiese hinter Haus und Hof zu zieren. Doch auch, wenn beide Arten Vegetarier sind, haben sie unterschiedliche Ansprüche. Auch an ihre menschlichen Partner.

Ziegen – einfallsreich und listig

Ziegen sind einfallsreiche, individualistische Komiker mit hohem Unterhaltungswert. Sie können ihnen Kunststücke beibringen, sie einen Karren ziehen oder Packtaschen tragen lassen oder sich an den eigenen Einfällen der Ziege erfreuen. Aber Vorsicht, auch wenn Ihre Ziege Sie zum Lachen bringt – sie wird immer diejenige sein, die zuletzt lacht.

Ziegenhalter müssen vor allem in gute Zäune investieren, Spaß daran haben, Ausläufe interessant zu gestalten, und Zeit und Geduld aufbringen, um eine tragende Beziehung zum Freigeist Ziege aufzubauen. Ziegen lassen sich nicht dominieren, höchstens überlisten. Sie sind Herdentiere und brauchen mindestens eine weitere Ziege, um froh zu sein.

KLEINE PERSÖNLICHKEITEN
Auch wenn sie sich recht ähnlich sehen, verbirgt sich hinter jedem Schafsgesicht eine ganz eigene Persönlichkeit mit einer individuellen Geschichte, die weit über rassetypische Eigenschaften hinausgeht.

Schafe – entspannt oder weggerannt

Schafhalter brauchen ebenfalls gute Zäune, die allerdings nicht so hoch sein müssen wie Ziegenzäune. Dafür ist ein Schaf ganz und gar Herdentier. Wie Wolken sich am liebsten gemeinsam über den Himmel bewegen, so bewegen sich auch Schafe am liebsten gemeinsam durchs Leben. Und wie Wolken wirken auch Schafe, wenn man nicht gerade Dringendes mit ihnen vorhat, beruhigend und entspannend.

Eine kleine Herde zählt mindestens fünf Tiere. Natürlich sind auch Schafe daran interessiert, auf kleine Hügel zu klettern und ein wenig Spaß zu haben. Vor allem jedoch orientieren sie sich an ihren Schafskollegen. Wenn ein Schaf beunruhigt ist, rennt die ganze Herde. Und sie rennen oft! Außer guten Zäunen brauchen Sie für Ihre Schafherde daher auch einen stabilen kleinen Paddock, in den Sie die Tiere locken, um sie einfangen zu können, wenn Ihr zweiter, unbedingt notwendiger Bestandteil einer gelungenen Schafhaltung Sie besucht: Ihr schaferfahrener Tierarzt.

Ratgeber mit Fachkompetenz

Leider können Sie nicht davon ausgehen, dass der Landtierarzt aus dem Nachbardorf sich mit Ziegen oder Schafen auskennt. Bevor Sie sich Schafe oder Ziegen zulegen, sollten Sie unbedingt jemanden kennenlernen, der Sie in Notlagen berät, und noch die peinlichste Frage beantwortet und auf jahrelange Praxis zurück-

KNUDDELLÄMMER
Lämmer mit der Flasche aufzuziehen ist zwar zeitaufwendig, aber eine beliebte Möglichkeit, in die Schafhaltung einzusteigen. Neben Futter brauchen die kleinen Wollknäuel auch Streicheleinheiten.

blickt. Dieser schaf- oder ziegenerfahrene Mensch aus Ihrer unmittelbaren Umgebung, dem Sie vertrauen und den Sie mögen, hat vielleicht eine ganz andere Einstellung zu Tieren als Sie. Aber auch die tierfreundlichste Einstellung kommt nicht ohne Praxiswissen aus. Ihr ziegen- oder schaferfahrener Ratgeber wird Ihnen auch verraten können, welcher Tierarzt Fachkompetenz vorweisen kann und Ihre Tiere nicht nach dem Ratespielprinzip behandelt.

Nutztier oder Familienmitglied?

Bevor Sie Ihre Wiese abschreiten, um festzustellen, wie viele Tiere Sie darauf halten können, beantworten Sie sich die Frage, welche Art von Haltung Sie anstreben. Möchten Sie Nutztiere halten, oder wollen Sie neue Familienmitglieder? Stellen Sie sich dieser Frage lieber im Voraus, denn Sie wird die Form Ihrer Tierhaltung beeinflussen. Beide Möglichkeiten setzen einen artgerechten und respektvollen Umgang mit dem Tier voraus.

Unsere Schafe sind beispielsweise Familienmitglieder. Sie leben zu viert mit einem kastrierten Bock zusammen und widmen sich der Weidepflege, wenn Sie nicht gerade spielen, schlafen, wiederkäuen oder sich durchknuddeln lassen. Am Ende ihres hoffentlich langen Lebens werden sie eines hoffentlich natürlichen Todes sterben. Das bedeutet aber auch, dass bei uns im Frühjahr keine Lämmer herumspringen und die Lammsalami, die wir ab und zu essen, aus fremder Lämmer Fleisch besteht.

SALAMI, ODER?
Lämmer, die im Winter geboren werden, sind schon vor Ostern schlachtreif, doch die Aufzucht ist kostenintensiv. Überlegen Sie besser schon vor dem Züchten, ob und wie Sie die drolligen Hüpfer vermarkten wollen.

Die Wahl der Rasse

Auf die Wahl der Schaf- oder Ziegenrasse könnte Ihre Antwort ebenfalls Auswirkungen haben. Milch- oder fleischbetonte Rassen wie Texel, Suffolk oder Milchschafe bzw. Bunte und Weiße Deutsche Edelziege leisten als Nutztiere ebenso gute Dienste wie als Familienangehörige. Alte, fast ausgestorbene Rassen wie die Thüringer Waldziege oder Skudde und Walachenschaf können auch in kleinen Beständen gezüchtet werden. Während man eine gewisse Anzahl weiblicher Lämmer behalten oder die weiblichen Nachkommen seltener Rassen gut verkaufen kann, sehen die Zukunftsaussichten von Böckchen trüber aus. Teilweise wird man sie sicher unterbringen können, oder man lässt sie kastrieren und behält sie selbst. Ein Teil der kleinen Böcke wird jedoch zwangsläufig beim Schlachter enden. Dagegen ist auch nichts einzuwenden – man muss es sich nur klarmachen, bevor man anfängt zu züchten.

Flaschenkinder

Besonders anhängliche Rassen wie Ryeland- oder Herdwick-Schafe oder Burenziegen sind Knuddelprofis. Jedoch können sämtliche Schaf- und Ziegenrassen anhänglich bis aufdringlich werden, wenn Sie sie mit der Flasche aufziehen. Etliche kleine Schaf- und Ziegenherden haben ein oder zwei Flaschenlämmer als Stammmütter, auch unsere eigene.

↑

SELTEN
Die Thüringer Waldziege (links) ist die einzige heimisch gezüchtete Rasse und in ihrem Bestand gefährdet.

GEMISCHT
Die bunte und weiße deutsche Edelziege geben genau wie die Thüringer Waldziege nach dem Ablammen bis zu 1000 Liter Milch im Jahr. Zur bunten deutschen Edelziege gehören auch lokale, milchbetonte Rassen wie die Schwarzwaldziege oder die Harzer Ziege.

Die Wiese

Ihre Wiese ist das Herz der Schaf- oder Ziegenhaltung. Ziehen Sie sich warm an und stellen Sie sich an einem schönen Tag mit Block, Schreiber und einer Thermoskanne heißem Tee bewaffnet auf Ihre Wiese und fühlen Sie sich erst einmal ein. Lassen Sie sich etwas Zeit, denn Ihre Wiese soll auf Sie wirken, bevor Sie sie im Geiste bevölkern, Zäune abschreiten und Listen erstellen, die Ihren ländlichen Fachmarkt glücklich machen werden. Während die Wiese auf Sie wirkt, kommen Ihnen auch ganz von selbst Ideen, wo eine Gruppe von Holunder, Schlehen und Heckenrosen Schutz bieten, wo ein Sandhaufen als Spielplatz und Aussichtsturm, wo ein Paddock zum Einfangen, zur Klauenpflege oder zum anderweitigen Separieren oder wo der für Ziegen und Schafe gleichermaßen wichtige Stall oder Unterstand seinen Platz finden könnte.

Grasgrün?

Wie viele Schafe oder Ziegen auf Ihrer Wiese satt werden, hängt von vielen Faktoren ab. Zum einen haben die verschiedenen Rassen sehr unterschiedliche Futterbedürfnisse. Während Fleischschafrassen wie Texel oder Suffolk anspruchsvolle Vielfresser sind, sind Skudde oder Gotlandschaf genügsamer. Bei den Ziegen ist es wieder anders. Sie schätzen vor allem die Abwechslung kulinarischer Genüsse und schreddern ihr Futter nicht einfach weg.

Das Futterangebot, das Ihre Wiese bietet, hängt von den klimatischen Bedingungen und der Bodenqualität ab. Gras ist nicht gleich Gras. Gräser, die auf Kuhweiden wachsen, sollen die hohe Milchleistung der Tiere sicherstellen. Für müßiggehende Ziegen oder Schafe ist eine Wiese mit weniger gehaltvollen Gräsern und abwechslungsreichem Kräuterbewuchs ideal.

HAUCH VON LUXUS
Mierallecksteine mit geringem Kupfergehalt speziell für Schafe sorgen genau wie Schubberbürsten oder -pfosten für Wohlbefinden und Komfort.

Der Stall

Ziegen und Schafe brauchen einen Stall. Beide Spezies suchen gern einen sauberen und trockenen Unterstand auf, um es sich gemütlich zu machen. Bei Dauerregen, geschlossener Schneedecke, Unwettern, an Silvester, in der Lammzeit, zur Rau- und Kraftfuttergabe im Winter, bei Klauenproblemen und wenn tierärztliche Behandlungen anstehen, freuen sich nicht nur Ihre Tiere über die Annehmlichkeiten, die ein tiergerechter Stall bietet. Oft kann man auch ein bereits vorhandenes Gebäude nutzen. Ein paar stabile Wände um eine großzügig bemessene Stallfläche herum gebaut, leichtgängige Türen und Trennwände aus transportablen Gattern, Wasserbottiche, Heuraufen, mehr braucht man nicht. Großzügig bemessen sind in jedem Fall mehr als zwei Quadratmeter pro Tier, damit auch rangniedrige Tiere im Stall zur Ruhe kommen können. Auf unserer Wiese leistet ein umgebauter Pkw-Anhänger gute Dienste als mobiler, viel geliebter Schafunterstand.

Futter für Schafe und Ziegen

Im Sommer könnte Ihre Wiese hinterm Haus als Nahrungsgrundlage für Schafe und Ziegen zwar genügen. Doch wie sieht der Futterplan für die übrigen Jahreszeiten aus und wie reichern Sie das Sommergras mit Mineralstoffen und Gourmetgenüssen an?

Laub und Zweige oder Nadelbäume liefern das ganze Jahr neben Mineralstoffen und Spurenelementen Knabberspaß und Freizeitvergnügen. Abgefressene, abgeschälte Äste dienen am Ende noch der Fell- und Hornpflege, besonders stabile Exemplare werden von den Tieren als Aussichtsturm benutzt. Eiche, Esche, Birke, Pappel, Linde, Ulme, Heckenrose, Weide, Brombeere, Himbeere, Weiß- und Schwarzdorn, Fichte, Vogelbeere, Haselnuss und der sorgfältig abgeschmückte Weihnachtsbaum schmeckt Schafen und Ziegen gut und bekommt ihnen auch. Giftig sind dagegen Buchsbaum, Pfaffenhut, Goldregen, Rhododendron, Eibe und Zypresse.

MECKER-PARADIES
Ziegen sind anhängliche Tiere, menschenbezogen und gleichzeitig sehr unabhängig. Allein sollten sie nicht gehalten werden, denn sie sind Herdentiere. Diese vitale Zwergziege wird artgerecht gehalten und hat viel Freiraum für Ziegenideen.

↑
....
FOLGE DEM EIMER

So ein Familienausflug mit Schafen verläuft am gemütlichsten, wenn die Schafe den Eimer mit Kraftfutter kennen und so zutraulich sind, wie unsere kleine Herde.

Heu und Stroh

Beide Wiederkäuerarten sind auf eine ausreichende Rohfaserversorgung durch das Futter angewiesen. Sowohl Äste und Zweige als auch Heu und Stroh sichern diese ab. In den Übergangszeiten und vor allem im Winter brauchen Sie daher ein trockenes, luftiges Futterlager, zum Beispiel auf dem Boden über dem Stall. Wir verfüttern bewusst kein vergorenes Gras in Form von Heulage oder Silage. Die in Plastik gewickelten Ballen erwärmen sich schneller, als man sie verfüttern kann; durch im Gras versehentlich mitkonservierte Kleinsäuger wie Mäuse oder Kaninchen kann der gefährliche Botulismuserreger übertragen werden, und außerdem hat man am Ende eine Menge Plastikmüll. All diese Nachteile hat gutes Heu, das würzig nach Brot duftet, nicht.

Verfüttern Sie keine Kartoffeln, und getrocknetes Brot höchstens scheibenweise und in kleinen Mengen, und achten Sie beim Kauf von Mineral- und Kraftfutter darauf, dass es wirklich für Schafe oder Ziegen geeignet ist. Der Kupfergehalt muss vor allem für Schafe extrem niedrig sein!

Hegen und pflegen

Die wichtigste Grundlage für eine gesunde Schaf- und Ziegenhaltung ist Ihre tägliche Achtsamkeit inmitten Ihrer Tiere. Sieht Demeter heute matter aus als gestern? Liegt Lilith merkwürdig oft herum? Humpelt Herodes? Als verantwortungsbewusster Tierbeobachter haben Sie vielleicht einen kleinen Sitzplatz, erreichbar von den Tieren oder auch geschützt vor ihrer nimmersatten Knuddeleuphorie. Dort können Sie in Ruhe oder im Getümmel einen Schluck aus Ihrem Thermobecher nehmen und sich an Ihrer Meute erfreuen. Sie tun dabei auch etwas für Ihre eigene Gesundheit, wie Ihnen sicher klar ist. Bewerten Sie solche beschaulichen Momente also mit Respekt.

Zupackender müssen Sie dagegen werden, wenn es um Themen wie die jährliche Schafschur oder die halbjährliche Klauenpflege geht. Ihr ziegen- oder schaferfahrener Ratgeber wird Ihnen wertvolle Dienste leisten, indem er patente Klauenpfleger und Schafscherer vermittelt.

Unsere kleine Schafherde wird parallel zum jahreszeitbedingten Reifenwechsel, also im Frühjahr und im Spätherbst, routinemäßig vom kompetenten Tierarzt besucht, entwurmt, geimpft und begutachtet.

GLÜCK GEHABT
Diese Schafmama sorgt aufopferungsvoll für beide Lämmchen, sodass nicht mit der Flasche zugefüttert werden muss. Das ist aber nicht immer so!

GESUND UND MUNTER
Als Sinnbild der überbordenden Kraft des Frühlings schlagen diese kleinen Zwillinge übermütige Kapriolen, während ihre Mutter mit gehaltvollem Gras ihre Milchproduktion ankurbelt.

Wolle, Milch und Käse

Wenn Sie sich dafür entschieden haben, dass Ihre Schafe und Ziegen die Freuden der Mutterschaft kennenlernen dürfen, lassen Sie sie nicht zu früh zum Bock, sodass die Tiere nach ungefähr 150 Tagen Trächtigkeitsdauer erst im März ablammen. Das frische Frühlingsgras gibt ihnen wertvolle Nährstoffe und spart größere Kraftfuttergaben. Die Lämmchen können nach den ersten Tagen schon für einige Stunden draußen herumtoben, sollten nachts jedoch in den ersten Wochen in den schützenden Stall. Mehrlingsgeburten müssen besonders aufmerksam betreut werden und vielleicht müssen Sie sogar mit der Flasche zufüttern. Auch wenn Ihr Schaf- und Ziegenprofi Sie hoffentlich gut beraten wird, für die nicht unerhebliche Arbeit am Tier sind Sie selbst zuständig. Die pure Lebensfreude der jungen Tiere entschädigt hinterher allerdings für alles!

Drei Monate nach dem Ablammen können Sie damit beginnen, zahme Mutterschafe und -ziegen für den Eigenbedarf zu melken. Wirtschaftliche Gründe zwingen Berufsschäfer oder -käser dazu, ihre Tiere bereits im Winter ablammen zu lassen und die Lämmer wesentlich früher von ihren Müttern zu trennen. Bei zweimaligem Melken am Tag geben »Berufsmilchziegen und -schafe« um die 1000 Liter im Jahr! Wenn die älteren Lämmchen zugefüttert werden, sind sie jedoch durchaus in der Lage, die Muttermilch mit Ihnen zu teilen. So bleibt Ihnen ein knapper Liter Milch am Tag, den Sie frisch trinken oder zu Frischkäse oder Joghurt verarbeiten können.

Käsemachen

Hygiene ist das oberste Gebot beim Käsemachen. Leicht zu reinigende Gefäße aus Nirostahl wirken zwar wenig romantisch, dafür gelingt jedoch der Käse. Viele ehemalige Aussteiger, die es aufs Land gezogen hat, haben mit der Schaf- oder Ziegenhaltung, verbunden mit professioneller Käserei, ein Auskommen gefunden. Auch wenn sowohl Schafe als auch Ziegen anspruchsvolle Tiere sind und eine gehörige Portion Fingerspitzengefühl, Fachkenntnis und Erfahrung erfordern, kann man es sich nach einigen Lehrjahren in entsprechenden Betrieben durchaus zutrauen, sie im Neben- oder sogar Haupterwerb zu halten. Vor allem, wenn man zusätzlich zur Zucht der Tiere auch Käse macht.

Selbstgemachter Frischkäse

Zutaten

1 l Schafs- oder Ziegenmilch
2 Zitronen

1. Frischkäse lässt sich leicht selbst herstellen. Milch gerinnt, wenn sie über Nacht warm steht. Als Gerinnungshilfe eignen sich jedoch auch Kefirpilze, Joghurt, Lab oder, wie in unserem Fall, Zitronensaft.

....

2. Kochen Sie einen Liter frische Schafs- oder Ziegenmilch auf, geben Sie den Saft von zwei Zitronen zu und schöpfen Sie die Molke ab. Sie kann getrunken, verfüttert oder als Badezusatz verwendet werden.

....

3. Die übrig gebliebene Sauermilch streichen Sie durch ein Sieb. Am Ende können Sie den Frischkäse beliebig würzen. Frische Kräuter aus dem Garten, junge Brennnesseln von der Wiese, Paprika, Kräuter der Provence – die Möglichkeiten sind schier unerschöpflich.
Guten Appetit!

Service

Zum Weiterlesen

Empfehlungen für Gärtner

Bohne, Burkhard: *Kräuter.* 2010
Fowler, Alys: *Alys im Gartenland.* 2009
Fowler, Alys: *Alys' Küchengarten.* 2011
Groult, Jean-Michel: *Biogarten.* Natürlich gärtnern. 2010
Kern, Simone: *Der neue Naturgarten.* Naturnahe Gartengestaltung
für Mensch und Tier. 2011
Matthews, Clare: *Gemüseleicht.* Selbstversorgung aus dem Garten. 2010
Sulzberger, Robert: *Was mache ich wann im Garten.* 2011
Thinschmidt, Alice & Daniel Böswirth: *Gartengestaltung.*
Inspiration – Planung – Praxis. 2011

Bücher für Tierfreunde

Bentzien, Claudia: *Ökologisch Imkern.* Einfach imkern nach den
Regeln der Natur. 2006
Bienefeld, Kaspar: *Imkern Schritt für Schritt.* 2005
Brörkens, Nina: *Ziegen.* Artgerecht und natürlich halten. 2010
Schiffer, Katrin und Carola Hotze: *Hühner halten.* Artgerecht
und natürlich. 2009
Stern, Alice: *Tiere halten hinterm Haus.* 2011
Warrlich, Anne: *Das Kosmos Handbuch Kaninchen.* 2011

Kulinarische Genüsse

Dornhauser, Rose Marie: *Draußen genießen.* Sommerfeste, Grillen
und Picknick. 2011
Stroner, Regine: *Selbstgemacht und Mitgebracht.* Geschenke aus
der Küche. 2009

Für Naturfreunde und Entdecker

Berthold, Peter und Gabriele Mohr: *Vögel füttern – aber richtig.* 2008
Oftring, Bärbel: *Ab in den Wald.* 88 mal den Wald entdecken und erleben. 2011
Oftring, Bärbel: *Nix wie raus!* 111 mal die Natur entdecken und erleben. 2010
Neumeier, Monika: *Igel in unserem Garten.* 2008
Richarz, Klaus: *Natur rund ums Haus.* Tiere im Garten kennen lernen
und erleben. 2010

Nützliche Links

Hier finden Sie bunte Futterhäuser und lustige Nistkästen
⇢ www.vogelvilla.de

Auf er Suche nach biologischem Saatgut? Hier werden Sie fündig:
⇢ www.dreschflegel-saatgut.de
⇢ www.hildsamen.de
⇢ www.sativa-saatgut.de

Damit alles wächst und gedeiht:
⇢ www.snoek-naturprodukte.de
⇢ www.mr-evergreen.de
⇢ www.biofa-farming.com

Schöne Kräuter und tolle Stauden finden Sie hier:
⇢ www.kraeuter-und-duftpflanzen.de
⇢ www.pflanzenversand-gaissmayer.de

Herzlichen Dank

Ein herzliches Dankeschön an alle, die ihre Gärten, Tiere, Häuser und Höfe fotografieren ließen und mit Engagement gefilzt, getöpfert, Likör zubereitet, Heu gemacht, Holz gehackt, Insektenhotels gebastelt, Bäume geschnitten und anderes gemacht haben. Ohne sie hätte dieses Buch nicht zustande kommen können.

Die Autoren

Susanne Bruns

Susanne Bruns lebt in Sehnde bei Hannover, hat Gartenbau studiert und ist leidenschaftliche Gärtnerin. Sie pflanzt, gräbt, sät und gestaltet ihre eigene grüne Oase. Im Winter, wenn ihr Garten ruht, sitzt sie am Schreibtisch und schreibt Gartenbücher.

Ute Ochsenbauer

Ute Ochsenbauer ist gelernte Landwirtin und hat ihren Traum vom Leben auf dem Land wahr gemacht. Sie lebt mit ihrer Familie auf einem Hof in Norddeutschland, zusammen mit Katzen, Hunden, Schafen, Pferden und Bienen. Als Autorin von Pferdebüchern hat sie sich bereits einen Namen gemacht.

Rainer Weppelmann

Rainer Weppelmann ist leidenschaftlicher Fotograf. In seiner Freizeit schwingt er sich aufs Rennrad und fährt durch die Natur. Dabei entdeckt er immer wieder besondere Momente, die er geschickt mit seiner Kamera in Szene setzt. Für dieses Buch hat er das Leben auf dem Land ein Jahr lang begleitet und fotografiert.

Register

A

Anemonen 45
Apfel 130
Arbeitstisch 51
Astern 129
Aylesburyente 68

B

Baldrian 30
Bärlauch 29
Barnefelder 62
Beeren 30
Beinwell 29
Benjes-Hecke 161
Bergische Schlotter-
    kämme 61
Bienen 109 ff.
Birne 130
Blattläuse 75
Blaue Wiener 71
Blausternchen 45
Blüten 30
Border Collies 145 f.
Brakel 61
Brennnesseln 17
Brombeeren 30
Brunnenkresse 29
Bruthöhlen 37
Burenziege 188

C

Celler Landgänse 67
Christrose 170
Chrysanthemen 129
Cosmea 104

D

Deutsche Kleinwidder 71
Deutsche Lachshühner 61

Deutsche Pekingente 68
Diepholzer Gans 67
Dorfköter 141
Duftschneeball 170
Dünger 47 f.

E

Edelziege 188
Eibischblüte 30
Emdener Gans 67
Enten 68 f.
Erbsen 56
Ernte am Wegesrand 28 f.
Esel 115 ff.
Estragon 99

F

Feldsalat 179
Filzen 21 f.
Florfliegen 75
Folientunnel 56
Fränkische Landgänse 67
Frauenmantel 104
Früchte vom Wegesrand
    137 f.
Fruchtfolge 172 f.
Frühbeet 55 f.
Frühjahrsgemüse 56
Frühjahrsputz 37
Frühling 37 ff.

G

Gänse 67
Gänseblümchen 17
Gänsefingerkraut 17
Gartenführungen 28
Gartengeräte 52
Gartenplanung 167 f.
Gartentagebuch 167
Geflügelschauen 67

Gelees 94 f.
Gemüse einkochen 93 f.
Gemüseernte und -lagerung
    133
Gemüsegarten 18
Geräteschuppen 51 f.
Giersch 29
Giftpflanzen 17, 29, 38
Gräser 18
Grünfläche 15 f.
Grünkohl 178
Gundermann 29

H

Hahn 64
Handwerk, altes 21 f.
Haushaltswarenläden 9
Hecken 160
Heidelbeeren 30
Heizen mit Holz 124
Henne 64
Herbst 123 ff.
Herbstastern 129
Herbstzeitlose 29
Herdwick-Schafe 188
Heuernte 87 f.
Holunder 58
Holunterblüten 30
Holzernte 125
Honigernte 112
Hornspäne 49
Hühner 61 ff.
Hunde 141 f.

I

Igel 148 f.
Imkern 109 ff.
Indische Laufenten 68
Insektenhotel 75 f.

J

Jahreslauf 29
Jakobskreuzkraut 17

K

Kalk 49
Kamille 30
Kaninchen 71 ff.
Käsemachen 193
Katzen 143
Kerbel 29
Kirsche 130
Knöterich 17
Kompost 48 f.
Kopfsalat 56
Kräuter 29 f., 99 f.
Krokus 45
Krummschnabelente 68
Künstler 21 f.

L

Lachshühner 62
Läden auf dem Land 9 f.
Landkatzen 143
Landwirte des Herzens 15 f.
Lauch 178
Lebendige Zäune 162 f.
Lichtnelken 17
Liebstöckl 99
Lindenblütentee 30
Lohkaninchen 71
Löwenzahn 17, 29
Löwenzwerge 71

M

Mädesüß 17
Maiglöckchen 29
Majoran 99
Marmelade 94 f.

Milchschafe 188
Mischkultur 172 f.
Möhren 49, 56

N

Nährstoffangebot im
Boden 49
Nährstoffversorgung der
Wiese 17
Naschgarten 91 f.
Naturgarten 18
Nistkästen 37

O

Obstbaumschnitt 181 f.
Obsternte und -lage-
rung 133
Obstgarten 130 ff.
Offene Gartenpforte 27 f.
Ohrwürmer 75
Osterfeuer 41
Osterglocken 45

P

Petersilie 99
Pferde 115 ff.
Pflanzenauswahl 168
Pflanzennachbarn 172
Pflanzenportraits 104
Pflaumen 130
Pilze 30
Pommernente 68
Porree 178
Primeln 45

R

Radieschen 56
Rassekaninchen 71
Rauke 56, 179

Rezept: Bratäpfel 164
Rezept: Erdbeermarme-
lade 96
Rezept: Frischkäse 194
Rezept: Holunderlikör 138
Rezept: Pizzaminis mit
Kräutern 84
Rezept: Würzige Wild-
kräuterschnecken 32
Riechprobe 29
Rittersporn 104
Rosen 134
Rosenkohl 179
Rosmarin 99
Rostschutz 52
Rote Neuseeländer 71
Ryeland-Schafe 188

S

Salat 55
Salbei 99
Schafe 185 ff.
Schierling 29
Schiesammeln 39 f.
Schlehen 137
Schmuckkörbchen 104
Schneeglöckchen 45
Schnittlauch 99
Schnittsalat 56
Schritt-für-Schritt:
Baumschnitt 183
Schritt-für-Schritt:
Holzhacken 127
Schritt-für-Schritt:
Insektenhotel bauen 77
Schritt-für-Schritt:
Majas Filzschal 25
Schritt-für-Schritt:
Vorkultur 177

Schwarzer Holunder 137
Schwarzwurzel 178
Seidenhühner 62
Sitzplätze 107
Skudde 188
Sommer 81 ff.
Sommerblüher 103 ff.
Stauden 103 ff.
Staudenschnitt 46
Steinbacher Kampf-
gänse 67
Steinmehl 49
Suffolk 188
Sundheimer 61
Sussex 62

T

Tante Emma-Läden 10
Texel 188
Thüringer Waldziege 188
Thymian 99
Tiere am Haus 15 f.
Tulpen 45

U

Überwintern 134 f.

V

Veilchen 45
Verrottungsprozess 47
Verwilderter Garten 18
Vorkultur 175 f.
Vorwerkhühner 61

W

Walachenschaf 188
Wände kalken 38
Wasserbedarf 57
Wassergeflügel 67 f.

Wechsel der Jahreszeiten 18
Wegerich 17
Werkbank 51
Wiese hinter dem Haus 15 f.
Wiesenfläche 16
Wildbienen 75
Wildkaninchen 71
Winter 155 ff.
Winterastern 129
Winterfester Garten 134 f.
Wintergemüse 178 f.
Winterheckzwiebeln 55
Winterjasmin 170
Winterlinge 45
Winterpflanzen 170
Winterportulak 179
Winterschlaf 149, 159
Winterschutz entfernen 46
Wolle 193

Z

Zaubernuss 170
Zäune 160 ff.
Ziegen 185 ff.
Zinnien 104
Zugvögel 37
Zwergkaninchen 71
Zwetschen 130
Zwiebeln 56

Bildnachweis

245 Farbfotos wurden von Rainer Weppelmann für dieses Buch aufgenommen.

Weitere Farbfotos von Bildarchiv Doliwa (1; S. 6.), Ottmar Diez (1; S. 100), Tatjana Drewka/Kosmos (1; S. 73 l.), Flora Press (2; S. 135 beide), Fotolia (39; © ArtHdesign S. 4, © Martina Berg S. 17 l., 31 o. r., © bitti S. 54, © Blue-Fox S. 113 r., © Brigitte Bohnhorst S. 178 l., © Linn Currie S. 142, © Emer S. 136, © Klaus Eppele S. 31 u., © Anne Katrin Figge S. 171 u.l., © FOOD-Images S. 56 l., © Fotofreundin S. 82 M.l., © Foto-Mike 1976 S. 82 o.l., 90, © Gerisch S. 28 o. M., © Hevry S. 171 o., © Isame S. 111 u. r., © Kathrin39 S. 134, © Elena Kovaleva S. 83 r., © lagow S. 77, © Auguste Lange S. 57 o. M., © Carsten Meyer S. 150 M. (o.), © Roman Milert S. 127, © Miredi S. 82 M. r., 151 u. M., © Panoramo S. 151 r. 2. v. o., © Christian Pedant S. 28 r., © Sven Petersen S. 151 u. r., © Photonz S. 28 u. M., © Hazel proudlove S. 162 l, © Heike Rav S. 165 u.l., © Martin Schlecht S. 131 u. r., © Carmen Steiner S. 165 u. r., © Alexander Tarasov S. 83 M., © Igor Tarasov S. 28 l., © Swetlana Wall S. 131 u.l., © White-Plaid S. 143 beide, © Uwe Wittbrock S. 31 o. l.),

Carola Hotze (5; S. 43 M., 60, 63 r., 65 u. l., u. r.), istockphoto (35; © Audaxl S. 179 r., © Deanna Bean S. 128, © Frank van den Bergh S. 98, © Brebca S. 165 o., © Brokenjade S. 171 u. M., © Steven Bushong S. 124 l., © Clopixe S. 162 r., © sian cox S. 92 r., © Cyuszko S. 183); © Farbenrausch S. 131 u. M., © Fotogaby S. 171 u. r., © Fotografia Basica S. 97 M., © GMVozd S. 95, 97 u., © Gollyhim S. 140, © Andrei Howe S. 169 u. l., © hsvrs S. 105 u. l., © johnnyscriv S. 92 M., 132 l., © Magdalena Kucova S. 97 o. r., © David Mantel 86, © momcilog S 108, © Mrod S. 132 r., © Don Nichols S. 177, © nicolinchen S. 29, © Ockra S. 179 l., © patty-c S. 105 u. r., © Chris Pecovaro S. 124 r., © Pgian S. 124 M., © Chris Price S. 97 o.l., © Rawfile S. 178 r., © Susan H. Smith S. 169 u. r., © Whitecloudgd S. 105 o., © Xlanx S. 131 o., © zorani S. 105 u. M.), Juniors Bildarchiv (6; S. 148, 149 alle 4, 196), Ute Ochsenbauer (4; S. 25, 89 u. M., 150 o.r., 162 u.M.), Picani Tierfoto (3; S. 67 l., 68 r., 69), Alice Rieger (7; S. 8, 14, 38 u. l., 43 u., 68 l., 70, 73 o.r.), Katrin Schiffer (1; S. 65 o.), Horst Streitferdt/Kosmos (1; S. 73 u.r.), Annette Timmermann (1; S. 169 o.).

Impressum

Umschlaggestaltung von Büro Sieveking GmbH unter Verwendung eines Farbfotos von Flora Press/Gisela Caspersen (U1), 2 Farbfotos von Rainer Weppelmann und 1 Farbfoto von istockphoto (rechts)(U4).

Mit 356 Farbfotos

Alle Angaben in diesem Buch erfolgen nach bestem Wissen und Gewissen. Sorgfalt bei der Umsetzung ist indes dennoch geboten. Der Verlag und die Autorinnen übernehmen keinerlei Haftung für Personen-, Sach- oder Vermögensschäden, die aus der Anwendung der vorgestellten Materialien und Methoden entstehen könnten.

Unser gesamtes lieferbares Programm und viele weitere Informationen zu unseren Büchern, Spielen, Experimentierkästen, DVDs, Autoren und Aktivitäten finden Sie unter **kosmos.de**

Gedruckt auf chlorfrei gebleichtem Papier

© 2011, Franckh-Kosmos Verlags-GmbH & Co. KG, Stuttgart.

Alle Rechte vorbehalten
ISBN 978-3-440-12282-2
REDAKTION: Alice Rieger
GESTALTUNGSKONZEPT: Büro Sieveking GmbH, München
GESTALTUNG UND SATZ: Büro Sieveking GmbH, München
PRODUKTION: Eva Schmidt
Printed in Germany / Imprimé en Allemagne